CHRISTOPH SPÖCKER

KARL LAGERFELD

– KLEINE ANEKDOTEN AUS DEM LEBEN EINES GROSSEN MODESCHÖPFERS –

riva

Bibliografische Information der Deutschen Nationalbibliothek
Die Deutsche Nationalbibliothek verzeichnet diese Publikation in der Deutschen Nationalbibliografie. Detaillierte bibliografische Daten sind im Internet über http://d-nb.de abrufbar.

Für Fragen und Anregungen
info@rivaverlag.de

5. Auflage 2021

Türkenstraße 89
80799 München
Tel.: 089 651285-0
Fax: 089 652096

Redaktion: Claudia Fregiehn
Umschlaggestaltung: Isabella Dorsch
Umschlagabbildung: ullstein bild - AP
Satz: inpunkt[w]o, Haiger
Druck: Graspo CZ, Tschechische Republik
Printed in the EU

ISBN Print 978-3-7423-0001-0
ISBN E-Book (PDF) 978-3-95971-367-2
ISBN E-Book (EPUB, Mobi) 978-3-95971-366-5

Weitere Informationen zum Verlag finden Sie unter

www.rivaverlag.de

Beachten Sie auch unsere weiteren Verlage unter www.m-vg.de

Inhalt

Vorwort

> *»Ich wollte mich immer nur von meinen Wurzeln befreien, um mit meinen eigenen Flügeln zu fliegen.«*
>
> Karl Lagerfeld (in *Lagerfeld Confidential*)

Wer ist Karl Lagerfeld? Diese Frage wurde schon unzählige Male gestellt und doch bis heute nicht beantwortet. Der unerreichte Maestro der Mode ist ein Faszinosum mit unerschöpflicher Strahlkraft. Er ist nur schwer greifbar, inszeniert sich gekonnt. Mal als unnahbarer Paradiesvogel, ein anderes Mal exzentrisch provokant, und im nächsten Augenblick erzählt er mit angedeutetem Lächeln einen schmutzigen Witz über die Brüste einer reiferen Frau.

Karl Lagerfeld wirkt oft entrückt und fernab jeglicher Realität. Doch dann vollzieht er ganz unerwartet eine 180-Grad-Wende und gibt sich auf einmal für seine Verhältnisse ganz herzlich und offen. Er tänzelt nicht nur leichtfüßig durch die Pariser Hautevolee, Küsschen hier, Küsschen da, macht gekonnt Small Talk mit Modegrößen und Hollywoodschauspielern, nein, wer genau hinschaut, sieht auch immer wieder die menschliche Seite des geheimnisumwobenen Designers durch seine disziplinierte Fassade blitzen. Wenn er etwa – für den Außenstehenden ganz überraschend – die Zimmermädchen in seinem Landhaus zur Begrüßung auf beide Wangen küsst, wirkt das bei Karl Lagerfeld genauso authentisch, wie wenn er Nicole Kidman auf einer Modenschau begegnet.

Er lässt sich eben nicht gerne in die Karten schauen und noch weniger in irgendeine Schublade stecken. Der in Paris lebende Modepapst weiß, wie überlebenswichtig es in seinem Gewerbe ist, anpassungsfähig zu sein. Das heißt aber nicht, mit dem Strom zu schwimmen, sondern sich ständig zu verändern und neu zu erfinden. Der Karl Lagerfeld von morgen ist ein ganz anderer Mensch als der von heute. Auch wenn er meist Schwarz trägt, ist er wandlungsfähig wie ein Chamäleon und taucht plötzlich, wenn man am wenigsten damit rechnet, im golden glänzenden Blouson auf, wo ansonsten ein schwarzes Sakko Pflicht wäre. Doch so ist »Karl der Große«, wie er auch genannt wird, nun mal. Er pfeift auf Konventionen, vor allem auf die der Bourgeoisie, tanzt nach niemands Pfeife außer nach seiner eigenen. Er gibt den Ton an und bestimmt seit Jahrzehnten in der Modeszene, wo es langgeht.

Karl Lagerfeld ist ein Freigeist und Individualist. Schon zu Beginn seiner Karriere in Paris weiß er genau: Er will von niemandem gelehrt werden, er will selbst lernen. So war er schon als Kind. So wurde er erzogen.

Er ist wie der griechische König Midas – was er anfasst, wird zu Gold. Ob als Modeschöpfer oder Fotograf, als Marketinggenie oder Autor, als Entdecker von Topmodels oder Innenarchitekt, das Schicksal scheint es mit Lagerfeld gut zu meinen wie mit kaum einem Zweiten. Der Erfolg fliegt ihm scheinbar mühelos zu. Und doch arbeitet er viel, manchmal rund um die Uhr. Aber das ist für Lagerfeld, der die 80 (möglicherweise) bereits überschritten hat, keine Belastung, sondern viel mehr die Erfüllung. Stress ist für den Mann mit der dunklen Sonnenbrille ein Fremdwort. Er kennt höchstens Strass, wie er einmal sagte.

Karl Lagerfeld ist aber nicht nur der berühmteste Modeschöpfer der Welt, geschweige denn eine Modeerscheinung. Karl Lagerfeld ist ein einzigartiges Stück Zeitgeschichte, das in diesem Büchlein in kleinen Anekdoten geehrt werden soll.

Die Sache mit dem Alter

Es ist nichts Ungewöhnliches, dass Frauen aus ihrem Alter ein Geheimnis machen, und gewiss keine Seltenheit, wenn das schöne Geschlecht beim Geburtsjahr ein wenig Kosmetik benutzt. Dabei weiß jeder kultivierte Mensch ohnehin, dass die Frage nach dem Alter einer Frau äußerst indiskret, gar unhöflich ist.

In dieser Hinsicht scheint Karl Lagerfeld seinen Zeitgenossinnen ein bisschen über die Schulter geschaut zu haben. Man braucht nur an der biografischen Oberfläche des Modepapstes zu kratzen, und schon wird offenbar, dass die Quellen sich über sein Geburtsjahr nicht einig sind. Sobald die Frage nach seinem wirklichen Alter aufkommt, zeigt sich Lagerfeld betont gelangweilt. Die einzig halbwegs konkrete Aussage des Modeschöpfers ist die, dass er irgendwann in den Dreißigerjahren geboren wurde. Genauer könne er es beim besten Willen nicht sagen, da seine Geburtsurkunde während des Bombardements der Alliierten auf Hamburg-Altona in Flammen aufging. Lagerfeld ist sich nicht einmal sicher, ob der 10. September wirklich sein Geburtstag ist. Doch das ist ihm ohnehin einerlei. Allein die Vorstellung, das Älterwerden zu feiern, ist in Lagerfelds Augen »grauenhaft«. Also lässt er es schon seit vielen Jahren gleich ganz bleiben.

Doch es gibt ein paar Leute, die sich noch an den jungen Karl erinnern können. Zeitzeugen, die behaupten, das wahre Geburtsjahr des mysteriösen Mannes mit der Sonnenbrille zu kennen. Einer von ihnen ist Kurt Wagner. Er gibt sich als Schulfreund Lagerfeldts – damals noch mit -dt geschrieben, erst später wird Karl den Namen in Lagerfeld ändern – aus und hat tatsächlich einige Fotos aus der gemeinsamen Schulzeit. An der Echtheit der Bilder besteht kaum ein Zweifel. Der junge Karl ist deutlich darauf zu erkennen. Durch seine extravagante Kleidung sticht er auf all den Bildern sofort hervor. Schon damals waren der gestärkte weiße Kragen und eine edle Krawatte für den modebewussten Jungen Pflicht. Die Sonnenbrille sollte allerdings erst später hinzukommen.

Wagner kann seine Geschichte auch mit ein paar Anekdoten aus der gemeinsamen Kindheit untermauern. Genau wie Lagerfeld wächst er auf Gut Bissenmoor auf, wo Wagners Onkel als Verwalter tätig ist. In dieser Zeit werden

Karl und Kurt Spielkameraden. Sie schmieden sogar Pläne für den Bau einer Straßenbahnlinie vom Gutshof bis nach Bad Bramstedt, da sie nicht jeden Tag den weiten Weg in die Schule zu Fuß gehen wollen.

Mit seiner Fotosammlung und seinen Erinnerungen wird Kurt Wagner in der deutschen Medienlandschaft bald zu einem gefragten Mann, aber der Ruhm ist nur von kurzer Dauer. Als Lagerfeld 2006 von Sandra Maischberger mit Wagners Geschichte konfrontiert wird, leugnet der Modezar jegliche Verbindung zu den angeblichen Zeitzeugen mit den Worten: »Ich kenne die nicht! […] Nehmen Sie diese Lustgreise da weg.«

Und sowieso – mit Kindern habe er doch nie gespielt, Kinder habe er immer schon gehasst.

Dennoch bleibt Wagner bei seiner Aussage und ordnet Lagerfeld dem Jahrgang 1933 zu. Bloß beweisen kann er seine Geschichte nicht, und so wird das Rätsel um Lagerfelds wahres Alter wohl weiter ungelöst bleiben.

Klein Karl auf Schatzsuche

1934, ein Jahr nach der vermeintlichen Geburt ihres Sohnes, ziehen die Lagerfeldts aus dem Hamburger Stadtteil Blankenese auf Gut Bissenmoor in Schleswig-Holstein. Das neue Zuhause der Familie ist ein feudales Landhaus im englischen Tudorstil mit zahlreichen Erkern, Türmchen und Balkonen. Die Einfahrt ist von Obstbäumen und steinernen Vasen gesäumt, es gibt mehrere Ställe und Scheunen. Ein wahres Paradies, das nur darauf wartet, vom kleinen Karl erkundet zu werden. Was er selbstverständlich auch tut, sobald er die ersten eigenen Schritte machen kann. Dabei zieht es den kleinen Racker insbesondere immer wieder auf den Dachboden des Hauses.

Dort stapeln sich Kisten und Truhen mit allerlei Besonderheiten, die den Jungen zum Träumen bringen. Eines Tages stößt Karl – er ist ungefähr fünf Jahre alt – auf einem seiner Streifzüge über den Dachboden auf einen wahrhaftigen Schatz. Es ist ein ganz und gar magisches Bild in einer Illustrierten. Sofort reißt er die Seite heraus und präsentiert sie seinen Eltern.

Er müsse das Bild um jeden Preis haben, sagt er ihnen. Ohne es könne er nicht mehr schlafen. Normalerweise erfüllen die Lagerfeldts die Wünsche ihres Filius umgehend, doch in diesem Fall sind ihnen die Hände gebunden. Bei dem Objekt der Begierde handelt es sich nämlich um Adolph Friedrich Erdmann von Menzels Gemälde mit dem Titel »Die Tafelrunde«, und es ist schlicht unmöglich, das Originalgemälde aufzutreiben. Sie versuchen ihren Sohn mit Miniaturen des Bildes zufriedenzustellen, doch ihre Mühen sind vergebens. Posterdrucke gibt es in den Dreißigerjahren noch nicht. Und so muss Karls sehnlicher Wunsch unerfüllt bleiben – bis es viele Jahre später zu einem fast schon schicksalhaften Zufall kommt.

Es passiert im Paris der 80er-Jahre. Wer weiß, wie lange Lagerfeld nicht mehr an »Die Tafelrunde« gedacht hat, als er auf einmal vor einer Kopie ebendieses Gemäldes steht. Er zögert natürlich nicht lange und kauft das Bild sofort. Und beweist damit wieder einmal, welch ein untrügerisches Näschen er für besondere Gelegenheiten hat. Wie sich nämlich herausstellt, ist das Original im Chaos des Zweiten Weltkrieges zerstört worden. Dadurch steigt der Wert der Kopie natürlich erheblich.

Als Lagerfeld Jahre später das Berliner Schlosshotel im Grunewald dekoriert, stellt er seine geliebte »Tafelrunde« als Leihgabe zur Verfügung und erhält vom Besitzer des Hotels im Gegenzug für das kostbare Gemälde das Nutzungsrecht einer Suite auf Lebenszeit.

Ein Künstler wächst heran

»Die Tafelrunde« ist jedoch nicht der einzige Schatz, den Karl auf dem Dachboden findet. Dieser ruhige Ort wird für ihn mit der Zeit immer mehr zum Refugium. Dort findet der Junge einen schier unerschöpflichen Vorrat an Karikaturen. Ganze Bände der Satirezeitschrift *Simplicissimus* entfalten sich vor Karls kindlichen Augen. Die Kunstfertigkeit, mit der jede einzelne Zeichnung angefertigt wurde, weckt die Begeisterung des Kindes. Sofort ist dem Jungen klar: So zu zeichnen – das ist es, was er will. Anfangs noch ein Funken in der Brust des Jungen, wird aus der Liebe zum Zeichnen schon bald ein loderndes Feuer, das wohl erst mit Karl Lagerfelds letztem Atemzug verlöschen wird.

Seit dem Tag dieser Entdeckung verbringt der kleine Karl Stunden auf dem Dachboden. Sein erklärtes Ziel: Er will alles aus dem Satiremagazin nachzeichnen und den Karikaturen mit eigener Hand Leben einhauchen.

Lediglich mit einer Erdnussbutterstulle als Proviant verschwindet Karl den ganzen Tag im Dachgeschoss. Während er in aller Ruhe zeichnet, tobt draußen der Krieg, und allmählich bekommen auch die reichen Lagerfeldts die Not des einfachen Mannes zu spüren. Die Lebensmittel werden knapp, doch noch versorgen ihr Hof und die Milchfabrik die Lagerfeldts recht gut. Schlechter steht es um Karls Malkasten. Dem angehenden Maler gehen die Buntstifte aus, doch davon lässt er sich nicht beirren. Da Not bekanntlich erfinderisch macht, behilft sich Karl für seine Zeichnungen mit Ziegelkrümeln, Kohle oder Fliederblüten.

So übt der Junge Tag für Tag, bis nach und nach aus seiner Liebe zum Zeichnen die ersten modischen Entwürfe entstehen. Mittlerweile haben die handgezeichneten Skizzen des Designers – immer mit Rahmen, versteht sich – selbst Kultstatus erreicht und schmücken die Wände seiner Freunde und Bekannten.

Auch heute, wo das Zeichnen ohnehin schon lange sein Beruf ist, malt der Modeschöpfer bisweilen immer noch. Er käme jedoch nie auf die Idee, sich seine eigenen Werke an die Wand zu hängen. Aus einem ganz einfachen Grund. Auch wenn ihm die Menschen wohl zu Tausenden widersprechen dürften, steht für Karl Lagerfeld ganz klar fest: Er ist Modemacher und kein Künstler.

Eine schmerzhafte Bildungslücke

Während seiner Kindheit bekommt Karl Lagerfeldt von seiner Mutter viel zu hören. »Dumm wie Ribbentropp« lautet das übliche vernichtende Urteil der Mutter über ihren Sprössling. Wenn er sich schon nicht wie ein Erwachsener benehmen könne, dann solle er gefälligst den Mund halten, so ihr recht kühler Kommentar zu seinem Verhalten. Doch diese Rüge vermag Karls Bewunderung für seine distanzierte Mutter nicht zu schmälern. Schließlich wünscht sich der kleine Karl selbst nichts sehnlicher, als so schnell wie möglich erwachsen zu werden. All seinen Bemühungen und auch der altklugen Art des jungen Lagerfeldts zum Trotz will ihm das jedoch nicht immer gelingen.

Und so kommt es, dass Karls Patenonkel Conrad Ramstedt eines Tages ein ähnlich hartes Urteil fällt wie schon die Frau Mama. Und dieses Urteil hat Gewicht, was sich schon in Karls Namensgebung widerspiegelt. Wenn der renommierte Mediziner – bekannt für die Erfindung der Ramstedt-Operation – den Lagerfeldts gegenüber das Wort ergreift, kommt seine Aussage beinahe einem päpstlichen Dekret gleich. Daher zögern die frischgebackenen Eltern nicht lange und geben ihrem Neugeborenen auf Ramstedts Anraten hin den schönen Namen Karl. Dabei hätte der Modeschöpfer Conrad viel schöner gefunden.

Im Laufe der Jahre entwickelt sich eine zuneigungsvolle Beziehung zwischen dem jungen Karl und seinem Patenonkel. Wenn er in Bad Bramstedt zu Gast ist, gehen die beiden häufig zusammen spazieren. Karl liebt diese gemeinsamen Ausflüge. Abgesehen von dem einen Mal, als der zehnjährige Sprössling der Lagerfeldts dem berühmten Mediziner eine allzu peinliche Bildungslücke offenbart und sogleich für seine Unwissenheit ordentlich eins zwischen die Ohren bekommt.

Als die beiden eines Tages zusammen in der Stadt unterwegs sind, fällt Karl ein Schild mit der Aufschrift »Freiligrathstraße« auf. Als er sich bei dem Onkel nach dem Namen erkundigt, bekommt der Junge statt einer Antwort eine schallende Ohrfeige und die Missbilligung des Arztes schmerzlich zu spüren.

Später am Tage, wieder zurück auf dem Anwesen der Lagerfeldts, nimmt Ramstedt Karls

Mutter ins Gebet und echauffiert sich sichtlich über den katastrophalen Bildungsstand ihres Sohnes. Es ist aber auch wirklich unsäglich, dass ein Junge von zehn Jahren seine deutschen Dichter nicht kennt.

Auch wenn Monsieur Lagerfeld es heute locker sieht, hat sich dieser Vortrag seines Onkels in sein Gedächtnis eingebrannt. Er hat offensichtlich seine Lehre daraus gezogen und im Laufe der Jahre etwaige Bildungslücken fachmännisch gestopft. Heute käme wohl kaum noch jemand auf die absurde Idee wie einst Ramstedt, den Literaturkenner und lyrikbewanderten Lagerfeld als ungebildeten Dummkopf zu bezeichnen. Der Meister selbst allerdings bewertet seinen Bildungsstand ganz unspektakulär und sieht sich, auch wenn er aus dem Stegreif Goethe oder Rilke zitieren kann, nicht als Intellektuellen, sondern lediglich als »sehr kultiviert« an.

Karl der Simulant

Karls Patenonkel mag durchaus der einzige Mann gewesen sein, der jemals die Hand gegen die Ikone Lagerfeld erhoben hat. Zugegeben, in jenen fernen Kindheitstagen ist der kleine Racker, der nicht weiß, dass Ferdinand von Freiligrath ein deutscher Lyriker des 19. Jahrhunderts ist, noch weit entfernt von seinem heutigen Ikonenstatus. Dessen einmal ungeachtet kommt es in seiner Kindheit noch zu einem weiteren Vorfall ganz ähnlicher Natur. Die Hauptpersonen sind auf der einen Seite – selbstredend – der kleine Karl, sozusagen als Opfer, und auf der anderen Seite Karls Mutter, gewissermaßen als Täterin.

Das Ganze soll sich folgendermaßen zugetragen haben: Eines Morgens liegt Karl regungslos in seinem Bett. Er geht grundsätzlich nicht gerne zur Schule und schreibt sich nach eigener Aussage regelmäßig selbst krank. Bis er es an diesem Morgen ein wenig übertreibt und selbst davon überzeugt ist, an Kinderlähmung erkrankt zu sein. Es hat fast etwas von Molière. Genau wie der Protagonist in dessen Theaterstück »Der eingebildete Kranke« versetzt sich der junge Karl kraft seiner Gedanken in einen Zustand akuter Krankheit. Das geht so weit, dass er tatsächlich eine halbe Stunde lang außerstande ist, sich zu bewegen. Ganz so weit wie Molières Figur Argan kommt Lagerfeld mit seiner Posse jedoch nicht. Ehe er das Spiel auf die Spitze treiben kann, schreitet seine Mutter beherzt ein und verpasst ihrem Sohn eine ordentliche Backpfeife. Und siehe da, wie von Zauberhand ist der Filius genesen. Von der ach so qualvollen Lähmung bleibt nicht die geringste Spur.

Die Ohrfeige seiner Mutter ist die zweite seines Lebens und soll auch die letzte bleiben. Es sieht ganz so aus, als hätte der kleine Karl inzwischen genug von dieser Medizin zu schmecken bekommen, um seine Grenzen in Zukunft nicht mehr bis zum Äußersten auszureizen. Zur Schule muss Karl an diesem Tag aber trotz seiner Spontanheilung nicht. Die Mutter zeigt sich nach der Ohrfeige auf einmal von ihrer mitfühlenden Seite und schreibt ihrem Sohn eine Entschuldigung wegen Krankheit. Die Diagnose: Schock aufgrund von Ohrfeige.

Von Pferden und Kühen

»Ich glaub, mich tritt ein Pferd«, etwas in der Art muss Karl Lagerfeldt denken, als sein Wallach Saturn mit ihm im Sattel durchgeht. Gut, das Pferd tritt den jungen Lagerfeldt nicht, sondern es wirft ihn ab. Das ändert jedoch nichts an der Tatsache, dass Karl danach nichts mehr von Pferden wissen will. Dabei ist Saturn so ein edles Tier und obendrein ein Geschenk des Zirkusdirektors Willy Hagenbeck, eines Schulfreundes von Karls Vater.

Vor diesem misslungenen Ausritt hatte der junge Karl Pferde geliebt und sich sehr über Herrn Hagenbecks großzügiges Geschenk gefreut. Doch die Freude ist nicht von Dauer. Schon als Kind ist Lagerfeld nachtragend, und als ihn der Wallach abwirft, ist für Karl der Spaß vorbei. Seine Liebe zu Pferden ist Geschichte. Saturn ist für den soeben noch begeisterten Reiter gestorben.

Daher auch Lagerfelds leidenschaftslose Bemerkung: »Zu Pferden habe ich keinerlei Verhältnis.«

Ganz anders steht es da um Karls Haltung, wenn es um Kühe geht. Hier gerät der Modezar sofort ins Schwärmen und bekennt ganz offen: »Ich liebe Kühe.«

Im Gegensatz zu Pferden sind die gehörnten Tiere ja auch viel friedfertiger und haben ein sehr sanftes Gemüt. Außerdem gibt es in Schleswig-Holstein Kühe, so weit das Auge reicht. Sie sind in Karls Kindheit allgegenwärtig und nicht zuletzt ein unverzichtbares Glied in der Kette zum Wohlstand der Lagerfeldts. Schließlich ist Vater Otto Kondensmilchfabrikant und verarbeitet in den Dreißigerjahren in seiner Fabrik bis zu 50.000 Liter Frischmilch pro Tag.

Auch wenn er Milch hasst, sind die Kühe für den jungen Karl inmitten der Wirren des Zweiten Weltkrieges ein Stück heile Welt. Sie sind der Inbegriff ländlicher Idylle. Wenn er morgens den Schulweg über die Weiden abkürzt, liest er die Namensschilder der stattlichen Holsteiner Kühe und kennt sie schon alle bald persönlich. Ja, er erkennt sie sogar jeweils an ihrem charakteristischen Fleckenmuster. Oft geht er diesen Weg zusammen mit Dorothee Böge. Sie ist die Tochter des Chefarztes des örtlichen Rheumasanatoriums, und Karl möchte die Freundin mit seinem gesammelten Wissen über die Kühe beeindrucken. Ob Karls Annäherungsversuche Früchte tragen, ist nicht überliefert. Der Maestro selbst sagt zu dem Thema nur so viel: »Dorothee war das einzige Mädchen, das mich jemals interessiert hat.« Und damit bleibt er wie so oft nichtssagend vielsagend.

Ein Schüler, der aus dem Rahmen fällt

Schon sehr früh zeichnet sich ab, dass dieser Karl Lagerfeldt anders ist als die anderen. Er ist ein Exzentriker und Nonkonformist. Schon als Schüler setzt er sich über allgemeingültige Konventionen hinweg. Er bricht die Regeln, die andere ganz selbstverständlich einhalten. Von seiner Mutter wird er in diesem Verhalten bestärkt. Der heranwachsende Sohn darf tun und lassen, was er will. Welche Schulnoten er mit nach Hause bringt, ist Frau Lagerfeldt schnurz. Er darf es nur nicht so weit treiben, dass sie seinetwegen in der Schule erscheinen muss, um sich einen Vortrag über die Verfehlungen ihres Sohnes anzuhören.

Solange er ihr dies erspart, lässt sie ihm freie Hand. Abgesehen von dem üblichen Ribbentropp-Vergleich erzieht sie ihren Sohn mit einer unnachahmlichen Laisser-faire-Einstellung. Sie redet ihm weder bei der Wahl seiner Garderobe noch bei seinem Haarschnitt hinein, und auch in Karls sexueller Findungsphase zeigt sich Madame Lagerfeldt äußerst liberal. Besonders für die damalige Zeit. Sie ist »tolerant bis zur Gleichgültigkeit«.

Nur ein einziges Mal kommt es so weit, dass sie sich einmischt – allerdings um ihren Sohn zu verteidigen. Der Krieg ist inzwischen vorbei. Mutter und Sohn kommen gerade vom Zahnarzt und treffen in Bad Bramstedt auf einen von Karls Lehrern. Der Mann wittert eine Gelegenheit, die sich wahrscheinlich so schnell nicht wieder bieten wird, und spricht Frau Lagerfeld ohne Umschweife auf den unsäglichen Haarschnitt ihres Sohnes an. Doch er belässt es nicht bei der einfachen Beschwerde. Mit der Aufforderung, ihren Sprössling zum Friseur zu schicken, damit er endlich einen ordentlichen Haarschnitt bekomme, begeht er den folgenschweren Fehler, sich in die Angelegenheiten von Frau Lagerfeldt einzumischen.

In stiller Verachtung packt Karls Mutter die Krawatte des Lehrers und schleudert sie ihm ins Gesicht. Doch damit nicht genug. Ohne mit der Wimper zu zucken, fragt sie den Lehrer: »Wieso? Sind Sie immer noch ein Nazi?«

Damit ist die Diskussion beendet. Karl zeigt sich bis heute sichtlich beeindruckt vom resoluten Auftreten seiner Mutter.

Der Träumer und die schnellen Autos

»Du weißt überhaupt nichts. Du kannst nur reden.« So oder zumindest so ähnlich soll ein Lehrer einst die kognitiven Fähigkeiten des jungen Karl Lagerfeldt bewertet haben. Dieser recht harten Bewertung zum Trotz hat Lagerfeld es im Laufe der Jahre dann doch ziemlich weit gebracht. Er ist nicht nur der bekannteste Deutsche der Welt, nein, laut dem US-Magazin *Time* ist er auch der weltweit einflussreichste Deutsche. Übrigens der Einzige unter den 100 einflussreichsten Menschen der Welt.

Egal, was Karl Lagerfeld anpackt – ob es sich um neue Kollektionen für Chanel und Fendi, die Einrichtung von Luxushotels in Dubai oder die Promotion des nächsten Topmodels handelt –, der disziplinierte Hanseat ist und bleibt ein absoluter Erfolgsgarant.

Da ist nur eine einzige Sache, die der weltberühmte Tausendsassa Lagerfeld partout nicht kann. Das hätte ihn schon zweimal fast den extravaganten Kragen gekostet. Für viele weit weniger erfolgreiche Menschen ist es etwas ganz Alltägliches, fast Banales, für den Modesupermann Lagerfeld allerdings ist es sein ganz persönliches Kryptonit: das Autofahren.

Lagerfeld kann es einfach nicht. Mal schläft er am Steuer ein, mal ist die Umgebung so faszinierend, dass er beim besten Willen nicht auf die langweilige Straße achten kann.

So auch eines Nachts in den Ardennen. Lagerfeld ist mit seinem Porsche Cabrio unterwegs, und ihm fallen allmählich die Äuglein zu. Da kommt der schicke Sportwagen ins Schleudern und landet mitsamt dem Designer im Straßengraben. Zum Glück sitzt Lagerfelds Schutzengel auf dem Beifahrersitz, denn der Modeschöpfer steigt ohne einen Kratzer aus dem Fahrzeugwrack.

Der zweite Unfall passiert in den Sechzigerjahren. Erneut wird Lagerfeld von der Müdigkeit übermannt. Diesmal sitzt er am Steuer seines cremefarbenen Mercedes 190 SL. Er ist auf dem Weg zu seinen Eltern nach Baden-Baden und fegt mit 120 Sachen in der Nähe von Saverne über die Landstraße. Als der Wagen gegen einen Baum knallt, wird Lagerfeld wieder wach und springt reflexartig aus dem Cabrio. Gerade noch rechtzeitig, denn einen Moment später stürzt das schöne Auto einen Abhang hinunter und landet fünfzig Meter tiefer. Das hätte Lagerfeld wohl kaum überlebt, doch wie durch ein Wunder steht er abermals »ohne einen blauen Flecken« am Straßenrand und ist dem Tod gerade noch einmal entronnen.

Von da an hat Lagerfeld dann endgültig die Nase voll, und er beschließt, sich in Zukunft nur noch chauffieren zu lassen. Der Wagen seiner Wahl fürs Land: ein Rolls-Royce Phantom III. Für die Stadt setzt er auf einen Bentley. Höchst komfortabel und wie es dem Meister gebührt – unendlich stilvoll.

Eine überraschende Auszeichnung

Lagerfeldt ist achtzehn Jahre alt, als ihn seine Mutter in den Fünfzigerjahren zum ersten Mal mit nach Paris nimmt. Der junge Mann ist sofort hin und weg von der Stadt der Liebe. Schnell steht fest: Karl muss nach Paris.

Es treibt ihn förmlich zum »Tor der Welt« – wie seine Mutter Hamburg stets bezeichnet – hinaus, um die Welt zu entdecken. Paris soll auf dieser Reise die erste Station sein und sich über die Jahre zu einer der wenigen Konstanten in Lagerfelds Leben entwickeln.

Wieder zu Hause, bricht der junge Karl kurzerhand die Schule ab. Lediglich den abendlichen Französischunterricht besucht er weiterhin, um sich auf Paris vorzubereiten. Bis er dort ankommt, soll es nicht mehr allzu lange dauern.

Es geschieht 1954 auf einem Fest der *École de la Chambre Syndicale de la Couture Parisienne*, einer Pariser Modeschule. Die Veranstaltung findet anlässlich der Pariser Modewoche statt. Mit im Programm: ein Talentwettbewerb für die Designer von morgen. Die Jury besteht aus so legendären Pariser Modegrößen wie Dior, Balenciaga, Balmain und Patou.

Der erste Preis geht gleich an den Nachwuchsmodeschöpfer Valentino. Zwei Runden später wird auch Lagerfeldts Arbeit in Paris zum ersten Mal gewürdigt. Er belegt mit seinem Entwurf eines schwarzen Kamelhaarmantels den ersten Platz in der Kategorie »Bester Mantel« – allerdings sehr zu seiner eigenen Überraschung. Er selbst hat nämlich nie irgendwelche Skizzen bei der Pariser Modeschmiede eingereicht. Es war einer seiner ehemaligen Hamburger Lehrer. Ohne ihn zu fragen, reicht dieser Lehrer einfach Karls Zeichnung von dem Kamelhaarmantel ein, und sechs Monate später erfährt Karl per Telegramm von seinem ersten Modepreis. Der erste Schritt zum künftigen Modeschöpfer wäre also getan. Allerdings noch mit Elvis-Tolle statt Pferdeschwanz und auch noch ohne die obligatorische Sonnenbrille.

Aber auch so ist Karl stolz auf die Auszeichnung. Und erst die Frau Mama. Zur Belohnung schenkt sie ihrem Sohn deshalb gleich ein cremefarbenes Mercedes Benz SL 190 Cabrio. Dass es mit diesem Schmuckstück kein gutes Ende nehmen soll, ist bereits bekannt. Karls

Karriere hingegen, die an jenem Abend einen entscheidenden Schritt macht, teilt glücklicherweise nicht das Schicksal des schönen Autos. Fortuna hat andere Pläne mit Karl, und so soll sich ihm schon bald eine Möglichkeit bieten, nach den Sternen zu greifen, statt an einem Baum zu zerschellen.

Balenciaga oder Balmain?

Schon im folgenden Jahr fängt Lagerfeld in einem großen Pariser Modehaus an. Aufgrund seines prämierten Mantels hat er sofort die Qual der Wahl. Sowohl Christóbal Balenciaga als auch Pierre Balmain umgarnen das junge deutsche Talent. Balenciaga ist damals die unangefochtene Nummer eins der Pariser Modeszene – vor dessen Größe verneigt sich selbst Christian Dior anerkennend. Doch nicht so Karl Lagerfeld. Er lehnt das Volontariat bei Balenciaga ab und geht lieber zu Balmain. Eine Entscheidung, die viele so wohl nicht erwartet hätten. Für Lagerfeld jedoch ist die Sache ganz einfach. »Ich war von ihm nicht so beeindruckt«, begründet er seine Wahl 1972 nach Balenciagas Tod.

Wieder einmal stellt Lagerfeld mit dieser Entscheidung sein sicheres Händchen unter Beweis. Balenciaga mag zwar der Platzhirsch der Pariser Modeszene sein, doch Balmain gilt als genialer Trendsetter und begnadeter Netzwerker. Zu seinem Kundenkreis zählen unter anderem die berühmte Schriftstellerin und Wahlpariserin Gertrude Stein, die Herzogin von Windsor oder auch die deutsche Sängerin Hildegard Knef. Allerdings leuchtet Karls Stern zu dieser Zeit noch nicht hell genug, um Zutritt zu diesem illustren Kreis gewährt zu bekommen.

Dennoch darf er schon 1958 eine erste eigene Kollektion für Balmain entwerfen. Er zeigt sich jedoch noch nicht als Karl Lagerfeld, sondern die zweistündige Modegala firmiert unter dem Namen Roland Karl. Die Show floppt zwar, doch in Expertenkreisen gilt sie als Geburtsstunde des Bad Girls Look, der von da an Lagerfelds Stil maßgeblich prägt. Nach dieser Pleite verlässt Lagerfeld Balmain und geht zu Patou, dem ältesten Pariser Modehaus.

Aber die Arbeit dort füllt ihn nicht aus. Lagerfelds Vision ist weitreichender. So wechselt er schon bald zu Chloé. Anfangs werden seine Kreationen von der Kritikerwelt noch argwöhnisch beäugt, doch schon bald gelingt es Lagerfeld, auch die oberste Modekritikerin Carrie Donovan mit seiner Couture zu überzeugen, und nach kurzer Zeit wird er Chefdesigner bei Chloé. Eine Chance, die Lagerfeld am Schopf zu packen versteht. Vom amerikanischen *Herald Tribune* als »Jahrhunderttalent« gefeiert, wird Karl in den folgenden Jahren zum unangefochtenen Star der Pariser Modeszene.

Lagerfeld erweckt einen Toten

Bald schon will jeder ein Stück von der Genialität des deutschen Wunderkinds haben. Ob Tiziano Roma, Fendi, Chloé oder auch sein ehemaliger Arbeitgeber Patou, sie alle lassen ihre neuen Kollektionen – zumindest teilweise – von Lagerfeld entwerfen.

So kommt es, dass eines schönen Tages auch eine Anfrage des Traditionsunternehmens Chanel bei Lagerfeld hereinflattert. Es ist das Jahr 1983, und das Unternehmen Chanel liegt am Boden. Frischer Wind muss her, den verspricht man sich von Lagerfeld, und so wird der deutsche Designer zum neuen künstlerischen Leiter bei Chanel.

Es ist kein einfacher Posten, den Karl da antritt. Chanels Image ist verstaubt. Es fehlt an Esprit und Innovation. Die will Lagerfeld liefern, doch es kommt erst einmal ganz anders. Da er beim finanziell angeschlagenen Unternehmen Chanel noch nicht wirklich auf den Putz hauen kann, gründet er erst einmal sein eigenes Label Karl Lagerfeld. Er gerät mehr und mehr in die Kritik. Zum Eklat kommt es bei der Chanel-Gala im Oktober 1985. Nachdem die Designerin Francis Stein sich Lagerfelds Willen widersetzt hat und ihre Accessoires ohne seine Zustimmung bei der Gala vorführen lässt, weigert sich Karl nach der Show, vor dem Publikum zu erscheinen.

Doch der Rauch lichtet sich bald wieder, und spätestens mit seiner Neuinterpretation des klassischen Chanel-Kostüms macht sich Karl Lagerfeld für Chanel unentbehrlich. Bei der Präsentation 1986 bricht das Publikum in Begeisterungsstürme aus. Die mit Pelz besetzten Taschen lassen die Damenherzen höherschlagen. Lagerfelds Chanel-Jäckchen zeigt sich mit Strass und Perlen verziert, es glänzt und glitzert und ergattert mit seinem neuen, frischen Gesicht einen Platz in den Herzen der Modeconnaisseurs. Mit diesem Meisterstück hebt sich Lagerfeld auf eine neue, ja fast übersinnliche Stufe. So tief unten, wie Chanel am Boden war, kommt es fast schon der Erweckung eines Toten gleich.

Für Lagerfeld selbst ist dieses Kunststück leicht zu erklären. Ganz und gar unbescheiden bewertet er seine Leistung mit den Worten: »Ich erst habe Chanel zu dem gemacht, was es ist.«

Modelist und Bodybuilder

Als Lagerfeld 1963 Patou den Rücken kehrt, ist er für kurze Zeit ohne Anstellung. Doch das ist weiter kein Problem. Sein Vater stärkt ihm finanziell weiterhin den Rücken, und so kann der Designer seinen luxuriösen Lebensstil auch ohne Arbeit beibehalten. Er lebt im Hotel, lässt sich in seinem Bentley durch die Gegend chauffieren. Es fehlt ihm an nichts. Außer vielleicht an Beschäftigung.

Das war auch schon bei Patou das Problem. Dort war es ihm schlicht zu langweilig. Nur »zwei Kollektionen Haute Couture im Jahr« und die restliche Zeit süßes Nichtstun. Die meisten seiner Kollegen sind mit diesem Pensum voll und ganz zufrieden. Nicht so Lagerfeld. Heute kreiert das Modegenie bis zu zwanzig Kollektionen im Jahr und hat immer noch Energie fürs Fotografieren, Restaurieren, Verlegen und noch vieles, vieles mehr. Lagerfeld ist ein wahres Wunder. Ihm scheint nie der Elan auszugehen, seine Kraftreserven wirken schier unerschöpflich, fast übermenschlich.

Aus diesem Grund fängt er in seiner Zeit bei Patou auch mit Bodybuilding an. Wenn man den gertenschlanken Lagerfeld heute sieht, ist es kaum zu glauben, dass er in den Sechzigerjahren mehrmals die Woche Gewichte stemmen ging. Es ist aber wahr. In den Tiefen der Fotoarchive findet sich noch das eine oder andere Bild von dem herkulesartigen Lagerfeld der Sechzigerjahre. Braun gebrannt und gestählt, posiert er mit muskulösem Oberarm vor der Kamera, das Haar noch dunkelbraun, er trägt es lang und – ganz ungewohnt – offen.

Mit diesem Zeitvertreib verbannt er die Langeweile aus seinem Leben, doch es gibt noch einen weiteren Grund für Karls Körperkult: die Anzüge von Stefano Cifonelli. Sie sind etwas ganz Besonderes. Nicht jeder kann sie tragen. Nur wer eine sportliche Figur hat, passt auch wirklich in die Maßanzüge des Italieners.

Cifonelli gilt in dieser Zeit als exklusivster Herrenausstatter der Stadt. So ist es nicht weiter verwunderlich, dass auch Lagerfeld bald zur Stammkundschaft zählt. Einmal pro Woche lässt er sich mindestens bei Cifonelli blicken, wenn nicht gleich mehrmals am Tag. Ein Maßanzug des Italieners kostet damals bereits die stolze Summe von 6.000 Francs, doch das ist für Karl nicht weiter von Bedeutung. Für ihn ist Cifonelli »unschlagbar« und damit jeden Preis wert.

Eines Tages nimmt Karls Leidenschaft für den Herrenausstatter allerdings ein allzu abruptes Ende. Er ist gerade zur Anprobe bei Cifonelli, als der alte Mann ihn bittet, am Nachmittag wiederzukommen. Er sei ein wenig erschöpft und müsse sich ausruhen. Als Lagerfeld dann später erneut Cifonellis Laden betritt, ist der Schneider tragischerweise verstorben. Auch für Lagerfeld ist das »äußerst traurig«. Zwar besteht das Geschäft unter der Leitung von Cifonellis Neffen fort, doch seit dem Tod des genialen Schneiders wollen die Anzüge einfach nicht mehr so richtig passen.

Aus diesem Grund sucht Lagerfeld sich dann auch seinen eigenen Schneider, der ihm seine Entwürfe nach Maß anfertigt.

Die Sonnenbrille

Der asketisch lebende Modezar hat ein Faible für Menschen mit einem Hang zur Selbstzerstörung. Er selbst raucht nicht und trinkt nicht. Von einer Phase der, ja, man kann es Völlerei nennen, einmal abgesehen, lebt Lagerfeld äußerst diszipliniert und macht da auch keine Ausnahmen. »Es ist gegen meine Natur, schwach zu werden«, analysiert er kokett. Diese Askese führt Lagerfeld auf seinen starken Selbsterhaltungstrieb zurück. Er ist immer gepflegt, elegant, nüchtern und bewahrt vor allem einen kühlen Kopf.

Und doch sucht er den Kontrast, ja vielleicht braucht er diesen Gegensatz sogar. Auf der einen Seite er, der Modepapst, unnahbarer, stiller Beobachter – auf der anderen Seite blutjunge Mannequins, die den Champagner in Strömen fließen lassen, Rockstars mit all ihren Skandalen und Drogenexzessen, Musiker, die straucheln und scheitern. Es ist fast so, als wäre eine unsichtbare Macht am Werk, die Lagerfeld – so unweigerlich, wie ein Stein im Wasser auf den Grund sinkt – mit unwiderstehlicher Kraft zu den hochtalentierten Ausnahmeerscheinungen hinzieht, die sich systematisch selbst zugrunde richten.

Da wäre einmal Mick Jagger, den er für sein Selbstbewusstsein bewundert, mit dem er die Spuren seines Lebenswandels im Gesicht trägt. Oder auch Britney Spears, die eine Talfahrt sondergleichen hinlegt, nachdem ihr der Ruhm über den Kopf gewachsen ist, und die dennoch immer wieder aufsteht und an ihrem Comeback arbeitet. Es ist die Verletzlichkeit dieser Menschen, die sie, gepaart mit ihrem großen Talent, für Lagerfeld so faszinierend macht.

Die Liebe zu seiner unverzichtbaren Sonnenbrille lässt allerdings darauf schließen, dass es da einen gibt, der es Karl Lagerfeld mehr angetan hat als alle anderen. Einer, dessen Erfolg und Leid so nah beieinanderliegen, dass sie untrennbar miteinander verbunden sind. Durch seine einzigartige Musik begeistert er die Massen, doch privat ist er der verhängnisvollen Droge Heroin hoffnungslos verfallen. Es ist wieder einmal diese Mischung aus Genialität und Verletzlichkeit, die Ray Charles, den brillanten Bluespianisten, in Lagerfelds Augen so unwiderstehlich wirken lässt. Inspiriert von Ray Charles, komplettiert der Modezar in den Sechzigerjahren seinen

Look durch eine ebenso eigenwillige Sonnenbrille, wie der blinde Musiker sie trägt. Inzwischen müssen es unzählige Brillen sein, die sich in den verschiedenen Häusern und Wohnungen des Modeschöpfers häufen, und auch wenn er immer mal wieder das Modell wechselt, bleibt »Karl der Coole« dem Sonnenbrillenlook bis heute treu.

Lagerfeld und die Liebe

Karl ist noch ein kleiner Junge, als er zum ersten Mal eine nicht ganz alltägliche Neugier in sich spürt. Mit elf Jahren spricht er seine Mutter darauf an. Er möchte wissen, was Homosexualität ist, und bekommt eine sehr interessante Antwort.

So manche Mutter wäre sicher auch heute noch mindestens irritiert, wenn ihr Sohn durchblicken ließe, dass in ihm ein Interesse für das männliche Geschlecht erwacht. Nicht so Frau Lagerfeld. Die Sexualität, erklärt sie ihrem Karl, sei nichts anderes als die Haarfarbe eines Menschen. Manche sind brünett, andere eben blond. Und genauso sind eben manche hetero- und andere homosexuell. Und damit hat es sich auch schon.

Mit dreizehn Jahren erlebt Lagerfeldt dann sein erstes Mal. Seitdem weiß er, dass er schwul ist. Einzelheiten verrät der Modezar und Gentleman jedoch nicht.

Viele Jahre später trifft Lagerfeld in Paris auf den jungen Dandy Jacques de Bascher de Beaumarchais. Die beiden werden schnell unzertrennlich. Der Öffentlichkeit gegenüber – de Bascher ist siebzehn Jahre jünger als Lagerfeld – sprechen sie zwar stets von einer »Vater-Sohn-Beziehung«, nichtsdestotrotz gilt der junge Jacques als Karls einzige wahre Liebe.

Wie so viele Liebesgeschichten endet auch diese tragisch. 1985 erkrankt de Bascher an Aids. Drei Jahre später wird er in das Pariser Hospital Bichat eingeliefert. Lagerfeld beauftragt die besten Ärzte, scheut keine Kosten und Mühen, um das Leben seines Gefährten zu verlängern, wenn er es schon nicht retten kann. Er bleibt bis zum bitteren Ende an Jacques' Seite. Doch am Schluss verliert de Bascher den Kampf gegen das Virus. Zurück bleibt allein der trauernde Karl. Der sonst so kühle Lagerfeld soll bei der Beerdigung geweint haben.

Heute reagiert der Designer sehr verhalten, wenn er auf dieses Kapitel angesprochen wird. Dass er und Jacques kein Liebespaar waren, sei offensichtlich. »Sonst wäre ich ja jetzt auch tot«, erklärt Lagerfeld. Und ohnehin sei er doch inzwischen in einem Alter, so der Modezar, in dem seine Sexualität wirklich kein Thema mehr sein sollte.

Der Kaiser der Mode und der König der Kunst

In der Pariser High Society herrscht große Aufregung. Es sind die frühen Siebzigerjahre, und der amerikanische Pop-Art-Superstar Andy Warhol macht der Stadt seine Aufwartung. Nun kann man einen solchen Hochkaräter schlecht sich selbst überlassen, daher nimmt ihn Marie-Hélène de Rothschild umgehend unter ihre Fittiche. Sie führt ihn in die vornehme Gesellschaft von Paris ein, macht ihn mit allen und allem bekannt, was Rang und Namen hat.

Dabei ist es selbstverständlich, dass Madame de Rothschild eigens zu Ehren des großen Künstlers einen Empfang ausrichtet. Und sie weiß, wie man Gäste gebührend empfängt. Unter anderem war schon Gregory Peck mit seiner Frau Véronique zu Gast bei den Rothschilds, genauso wie Elizabeth Taylor und Richard Burton. Bei ihren Festen gibt sich die Crème de la Crème die Hand. Die Büfetts sind legendär. Madame de Rothschild ist in der ganzen Stadt berühmt für ihre dekadent-rauschenden Feste. Dann biegen sich die Tische förmlich unter dem unerschöpflichen Angebot an Hummer und Kaviar, Trüffeln und Austern, die mit echten Perlen verziert sind.

Zu Warhols Ehren sind sage und schreibe 400 Gäste geladen, das Büfett ist eine Augenweide. Mit Blattgold überzogene Fasanen reihen sich in ein schier endloses Defilee erlesenster Köstlichkeiten ein. Doch diese irdischen Freuden lassen den berühmten Amerikaner völlig kalt. Er lässt das Buffet links liegen und kämpft sich mit seiner obligatorischen Polaroid-Kamera durch die anwesende Gesellschaft. Ein Foto hier, ein Schnappschuss da, zwischendurch ein paar gemurmelte Worte, die keiner versteht.

Erst als das Schwulenviertel von Paris zur Sprache kommt, zeigt er plötzlich Interesse. Rund um die Rue Saint Sulpice treffen sich die Schwulen und Lesben der Stadt, um in Klubs und Diskotheken zu feiern. Was für ein trefflicher Zufall, dass Karl Lagerfeld gleich um die Ecke wohnt und sich bestens in dem Viertel auskennt. Lagerfeld selbst macht dazu keine konkrete Aussage, dazu ist er zu diskret, doch es hält sich bis heute das Gerücht, dass Warhol und Lagerfeld an jenem Abend gemeinsam durch das Pariser Nachtleben getanzt seien.

Später in der Nacht sind die beiden dann in Lagerfelds Wohnung, wo Andy Warhol ein plötzlicher Geistesblitz durchzuckt. Er hat die Idee zu einem neuen Film. Der Titel – passend zu Paris: *L'amour.* Gedreht wird in Lagerfelds damaliger Wohnung, und der Designer bekommt auch gleich die männliche Hauptrolle des Gigolos Karl. Mit von der Partie sind unter anderem auch Patti d'Arbanville und Donna Jordan. Es ist die erste Warhol-Produktion mit Skript und Gagen für die Darsteller. Normalerweise versteht es sich, für den großen Künstler unentgeltlich vor der Kamera zu stehen.

Es ist Lagerfelds erster Film, es soll aber auch sein einziger bleiben. Als er ihn im Kino sieht, schläft er auf der Stelle ein. »Grauenhaft. Einer seiner schlechtesten Filme«, so das kaiserliche Fazit. Er habe nur mitgewirkt, weil das »damals trendy« war. Außerdem spielt er ohnehin nur sich selbst, und das kann Lagerfeld schließlich auch ohne Kamera.

Lagerfeld und der schnöde Mammon

Karl Lagerfeld weiß nicht, wie viel Geld er hat. Er will es auch gar nicht wissen. »Da könnte man ja sonst geizig werden.«

Der Designer interessiert sich nicht für Preisschilder. Er kocht nicht und geht auch nicht einkaufen. Dafür hat er Personal. Wenn er mit seiner Entourage irgendwo auftaucht, umschwirren ihn seine Assistenten wie Honigbienen ihre Königin. Für den Meister muss alles vorbereitet sein. Seine Ansprüche sind hoch. Er gibt sich nur mit dem Allerbesten zufrieden.

Egal, ob er sein Schloss in der Bretagne renoviert oder ob einer seiner Mitarbeiter Geburtstag feiert – Sparen ist für Lagerfeld ein Fremdwort. Der Kaufpreis des Schlösschens ist nicht bekannt, doch allein die Tatsache, dass die Leute in der Gegend es »Klein Versailles« nennen, spricht Bände. Der Schlossherr selbst beziffert die Kosten der Restaurierungsarbeiten auf zehn Millionen D-Mark. Seinem Assistenten Arnaud Maillard schenkt er zum 24. Geburtstag eine Rolex. Das ist im Lagerfeld'schen »völlig normal«.

Lagerfelds Buchhalter sind wohl die Einzigen, die genau wissen, wie viel Geld er wirklich einnimmt und gleich wieder mit vollen Händen ausgibt. Es ist beileibe keine Seltenheit, dass Lagerfeld in die Renovierung einer neu erworbenen Immobilie Millionensummen steckt. Sei es in New York, seiner Wahlheimat Paris oder ganz woanders.

In den Umbau der Villa »La Vigie« in Monaco, die ihm Fürst Rainier III. in den Neunzigerjahren mietfrei zur Verfügung stellt, sollen 25 Millionen D-Mark geflossen sein. Ein hübsches Sümmchen – für Lagerfeld aber nicht weiter erwähnenswert. Zum Verhandeln gibt es die Geschäftsleute. Das Geld selbst ist zum Ausgeben da, und so muss es hinaus »aus dem Fenster, damit es zur Tür wieder reinkommt«.

Lagerfeld der Bibliothekar

Angeblich konnte Karl Lagerfeld schon als Dreikäsehoch lesen, noch bevor er in die Schule kam. Er will es sich selbst beigebracht haben. Als Einstiegslektüre gibt sich der Knirps jedoch nicht mit so etwas Trivialem wie etwa *Max und Moritz* oder einem anderen Kinderbuch zufrieden. Nein, der junge Karl nimmt sich gleich das Nibelungenlied zur Brust. Wie er da als kleiner Junge in der elterlichen Villa hockt und schmökert, erwacht in ihm die Liebe zur Literatur. »Lesen ist eine Droge«, so Lagerfeld. Und er ist süchtig nach ihr.

Schon bald kennt er die großen Dichter, kann viele von ihnen aus dem Gedächtnis zitieren. Er beschäftigt sich intensiv mit den großen Philosophen.

Er veröffentlicht regelmäßig übersetzte Werke aus dem Französischen und Englischen, aber auch philosophische Werke und Biografien in seinem eigenen Verlag, der den schillernden Namen *L.S.D.* trägt. Das Akronym steht für Lagerfeld, Steidl, Druckerei Verlag und ist des Designers Hommage an die Droge des Lesens.

Es mag stimmen, dass Karl Lagerfeld nicht selbst einkaufen geht, bei seinen geliebten Büchern macht er allerdings eine Ausnahme und geht schon seit vielen Jahren zweimal die Woche in die Pariser Buchhandlung Librairie Galignani. Dort sucht er sich heraus, was ihm gerade gefällt, und lässt sich den neu erstandenen Bücherschatz direkt nach Hause liefern. Auf diese Art entsteht im Laufe der Jahre eine geradezu monumentale Büchersammlung von mehr als 300.000 Exemplaren. Seine Privatwohnung an der Seine soll so mit Bücherstapeln übersät sein, dass man darin kaum mehr gehen kann. Doch das ist für Lagerfeld kein Grund, verstimmt zu sein, vielmehr sind die omnipräsenten Bücher für den Designer das reinste Ambrosia. Aus ihnen schöpft er viel Energie und vor allem natürlich Wissen.

Sosehr er seine Bücher liebt, hat die Droge Lesen – wie jedes andere Rauschmittel auch – eine dunkle Seite. »Es ist wie eine Krankheit«, gesteht Lagerfeld. Von ihr geheilt werden möchte er aber nicht.

Der nervöse Magen

Jetset ist für Karl Lagerfeld so natürlich wie der Atemreflex. Sein Beruf bringt es mit sich, dass er heute hier und morgen schon dort ist. Ob Paris, New York oder Mailand – der deutsche Modepapst hält es in diesen Dingen ganz wie seine Mutter: Wohin er auch geht, bringt er sich selbst mit und ist damit ganz automatisch an jedem Ort der Erde zu Hause. Weder das Blitzlichtgewitter der Presse noch die zahlreichen Verehrer auf der Straße, die einen Schnappschuss mit der Ikone Lagerfeld ergattern möchten, können »Karl den Coolen« aus der Ruhe bringen.

Am liebsten reist Lagerfeld mit dem Flugzeug. Was ihn jedoch gehörig daran nervt, sind die allgegenwärtigen Sicherheitskontrollen. Da muss man sich betasten lassen und im schlimmsten Fall sogar die eleganten Kleider ablegen. Ein absolutes Unding und obendrein »total lächerlich«. Schließlich sieht der Modepapst ja nicht aus wie ein Terrorist.

Um diese lästigen Unannehmlichkeiten zu vermeiden, fliegt der Designer, sooft es nur geht, mit dem Privatjet. Er selbst besitzt zwar keinen, doch Chanel und Co. wissen um die Vorlieben ihres Designers und sorgen bereitwillig für den gewünschten Reisekomfort.

Lagerfelds Lieblingsflughafen ist Le Bourget in Paris. Von dort starten ausschließlich die von ihm bevorzugten Privatflugzeuge. So ist das Fliegen auch für ihn noch Luxus. Mit seinen Gedanken allein über den Wolken, keine lärmenden Passagiere, die ihre schreienden Kinder beruhigen oder über den Gang zur Toilette hetzen.

»Ich hasse das Hin und Her der Passagiere«, moniert der Modepapst.

Da ist es doch schon viel gemütlicher im Ledersessel eines Privatjets, die Cola light im Kristallkelch, niemanden um einen herum, der die schöpferischen Kreise stört. Nur ein ganz bestimmtes Accessoire darf auf gar keinen Fall fehlen, damit aus dem Traum vom Fliegen kein Albtraum wird.

Es ist ein unscheinbares, schwarzes Kissen. Das hat Lagerfeld, schon seit er zehn ist. Einst war darauf eine Lokomotive zu sehen, sein Kindermädchen hatte es damals bestickt. Von der Stickerei ist heute nichts mehr übrig. Es ist ein abgegriffenes schlichtes schwarzes Kissen. Der Meister selbst bezeichnet es abfällig als »alt und hässlich«, weshalb er es auch in einem ebenso schwarzen Stofftäschchen versteckt. Und doch kann er nicht darauf verzichten.

Das liegt an seinem nervösen Magen. Egal, ob im Auto, im Zug oder selbst im Privatjet – ohne das Kissen wird dem sonst so unempfindlichen Lagerfeld flau im Magen. Sobald er sich jedoch sein Kissen auf den Bauch legt, ist Ruhe, und nichts stört die Magengegend des Designers mehr.

Diese abdominale Empfindlichkeit ist mitunter auch den Klimaanlagen geschuldet. Lagerfeld verträgt keine klimatisierte Luft. Auch im Auto hat die Klimaanlage gefälligst abgeschaltet zu sein. Das geht so weit, dass er sich sogar in der drückendsten Sommerhitze zum Schlafen etwas auf den Bauch legen muss. Sobald sein Bauch aufgedeckt ist, wird Lagerfeld umgehend übel.

Er kann selbst nicht genau erklären, woher es kommt, aber er vermutet, dass es mit seinem Vater zu tun hat. Otto Lagerfeldt litt an einer ganz ähnlichen Magengeschichte. Doch er hatte wahrscheinlich nicht so ein einzigartiges Kissen wie sein Sohn.

Traumhafte Kreation

Karl Lagerfeld schwimmt gegen den Strom. Er gibt nichts auf Konventionen, bricht die Regeln und feiert damit strahlende Erfolge. Der Junge vom Land hat kein Abitur und auch keine abgeschlossene Ausbildung. Er bezeichnet sich selbst als »professionell improvisiert«, bisweilen redet er seine Leistung sogar klein. Er selbst tue ja nichts: Er schneidert nicht, er näht nicht. Von ihm stammen lediglich die Ideen. Aber was für welche!

Einige seiner besten Ideen sind ihm im Traum gekommen. Sie sind wie Engel erschienen. So auch die Haute-Couture-Kollektion, die er 2005 für Chanel entwirft. Bis ins kleinste Detail sieht er seine zukünftige Kreation im Traum vor sich. Gleich nach dem Aufwachen fängt an, Entwürfe zu zeichnen. Später bewundern Modejournalisten und Haute-Couture-Begeisterte die traumhafte Eingebung, die bei der Chanel Fashion Show für den Herbst und Winter 2005/06 gezeigt wird. Auch Hollywood-Star Gwyneth Paltrow und Burlesque-Queen Dita von Teese sind unter den illustren Gästen, die gespannt die neuen Kreationen des Meisters erwarten.

Als die Show dann beginnt, schlüpft ein Model nach dem anderen durch die schmale Öffnung an der Kopfseite des strahlend weißen Laufstegs. Sie alle tragen schwarze Mäntel. Manche kurze, andere lange. Das eine Stück ist aus Tüll, das andere aus Tweed, verziert mit Federn, Perlen und Pailletten. Es sind genau fünfzig der grazilen Geschöpfe. Sie schweben elegant über den kreisförmigen, terrassenartig angelegten Catwalk. Am höchsten Punkt, in der Mitte des Laufstegs, befindet sich das Chanel-Logo. Um dieses in Modekreisen fast schon heilige Symbol positionieren sich die schönen Damen wie die Kerzen auf einer Hochzeitstorte und präsentieren den neuesten Geniestreich des deutschen Designers. Nach und nach öffnen sich die dunklen Mäntel, und es kommt immer mehr Farbe ins Spiel. Vom klassischen rosafarbenen Chanel-Kostüm über Twinsets im schicken Karo-Look bis hin zu Lagerfelds neuem Brautkleid ist alles dabei. Musikalisch untermalt wird der ganze Auftritt von experimentell-elektronischen Klängen des Düsseldorfer Musikensembles Kreidler.

Wie es bei einer Modenschau Sitte ist, erscheint zu guter Letzt der Meister selbst. Hand in Hand schreitet er mit dem engelsgleichen Mannequin, das dazu auserkoren ist, sein Brautkleid zu tragen, über die Bühne und nimmt die Huldigungen des Publikums entgegen. Wenn man Lagerfeld so sieht, scheint es, als kämen nicht nur seine besten Ideen im Traum zu ihm. Vielmehr dürfte sein ganzes Leben, obwohl es für ihn so normal, ja fast banal ist, auf manch anderen wie ein einziger Traum wirken.

Die Kunst der Fotografie

Paris 1987, Karl Lagerfeld ist verärgert. Es geht um die Pressemappe für die neue Chanel-Kollektion. Es ist bereits der dritte Versuch des Fotografen, den Modezar mit seiner Pressemappe zufriedenzustellen, aber Lagerfeld sind die Fotos einfach zu stümperhaft. Damit kann und will er sich nicht zufriedengeben.

Als er mit seiner Frustration zu Eric Pfründer, dem Artdirector von Chanel, geht, weiß er noch nicht, was er mit seiner Beschwerde ins Rollen bringt. Pfründer lenkt Lagerfelds *colère* in die richtige Richtung: Er rät ihm, die Pressemappe doch einfach selbst anzufertigen, wenn er sich mit den Fotos anderer partout nicht arrangieren kann.

Im Nachhinein fragt sich Lagerfeld vermutlich, warum er nicht selbst auf die Idee gekommen ist, doch es ist bekanntlich nicht seine Art, lange in der Vergangenheit zu verharren. Lagerfeld ist ein Mann der Gegenwart und der Zukunft und vor allem ein Mann der Tat. Als solcher engagiert er ohne Umschweife einen Assistenten, leiht sich eine Kamera aus und macht sich frisch ans Werk.

Und siehe da! Lagerfeld entpuppt sich ein weiteres Mal als Multitalent. Seine Fotos sind schlicht genial. Er hat ein instinktives Gespür für die richtige Kulisse, versteht die fotografische Inszenierung von Anfang an meisterhaft. Der Modeschöpfer, der einst Maler werden wollte, ist verzückt von dieser neuen Entdeckung. »Man kann auch mit der Kamera malen«, stellt Lagerfeld fest.

Die Pressemappen macht er seitdem nur noch selbst. Doch dabei bleibt es nicht. Lagerfeld ist vom Virus der Fotografie befallen. Er übernimmt bei Chanel die Redaktion, macht die Fotos für die Kataloge, und auch sämtliche Werbeaufnahmen stammen aus seinen Händen. Schon bald darauf wollen alle von Lagerfeld fotografiert werden. Egal, ob es um das Alltagsgeschäft mit den schönsten Models der Welt geht oder ob sich Superstars wie Mick Jagger, Nicole Kidman, Marilyn Manson oder Pierce Brosnan von Lagerfeld ablichten lassen – jedes Bild ist einzigartig. Eine Momentaufnahme, die so nie wieder entstehen kann. Seine Faszination für die Fotografie ist bei Lagerfeld bis heute ungebrochen. Nicht zuletzt auch deshalb, weil man sich genau wie in der Mode ständig weiterentwickeln muss, um auf der Höhe der Zeit zu bleiben.

Lagerfeld und der Aberglaube

Schon Karls Mutter soll den Rat von Wahrsagerinnen geschätzt haben. Während ihrer Schwangerschaft prophezeit ihr eine Zigeunerin, dass sie einen Jungen bekomme, der einmal Priester werden würde. Nun ist Elisabeth Lagerfeldt alles andere als begeistert von der katholischen Kirche, genauso wenig wie von allen anderen Religionen. Deshalb beschließt sie, auch ihren Sohn von jeglicher Art von religiöser Erziehung fernzuhalten.

So wächst der junge Karl vollkommen atheistisch auf. Die Geschichte der Weltreligionen interessiert ihn trotzdem brennend. Genauso wie die übersinnliche Wahrnehmung von Orakeln und Medien. Daher ist es auch nicht weiter verwunderlich, dass Karl schon zu Beginn seiner Pariser Jahre vor großen Entscheidungen eine Wahrsagerin zurate zieht. Die Dame mit den übersinnlichen Kräften heißt Madame Serafina Zereakian. Sie ist eine »dicke Türkin mit den schönsten türkisblauen Augen« und versetzt Lagerfeld mit ihren Prophezeiungen immer wieder in Erstaunen.

Bevor er den Posten bei Chloé antritt, fragt er erst Madame Serafina um Rat. Er folgt ihrem Rat, führt Chloé zu Weltruhm und erfüllt damit die Prophezeiung. So mancher Skeptiker würde die Vorhersage des Mediums sicherlich als Glückstreffer abtun, doch es folgen weitere Prophezeiungen. Sogar den Todestag von Lagerfelds Vater sagt sie exakt voraus.

Eine der kuriosesten Begebenheiten ist aber zweifelsohne folgende: Als Lagerfeld auf dem Weg zu den Vertragsverhandlungen mit Chanel ist, klingelt unvermittelt sein Autotelefon. Sie ist zwar schon seit Jahren im Ruhestand, doch das hält Madame Serafina nicht davon ab, Karl die Zukunft vorauszusagen.

Woher sie diese Nummer habe, fragt Lagerfeld sofort. »Ich sehe die Nummer vor mir«, lautet Serafinas Antwort. Und auch, dass er gerade die Avenue Georges-Mandel entlangfahre, könne sie vor sich sehen. Er solle sich die Seite sieben des Vertrags mit Chanel noch einmal genau durchlesen, so ihr Rat. Dort sei ein Fehler versteckt, der sich zu Karls Nachteil auswirken könnte.

Und tatsächlich, als Lagerfeld mit seinen Beratern kurz darauf die Verträge durchgeht, entdecken sie – Madame Serafina sei Dank – den Fehler, der natürlich umgehend behoben wird.

Kurz bevor die Wahrsagerin in hohem Alter stirbt, fertigt sie noch ein paar Notizen für den Designer an, doch dann ist es tragischerweise vorbei mit dem übersinnlichen Beistand für Lagerfeld. Doch das ist für den Modepapst nicht weiter von Bedeutung. Er ist inzwischen sein eigenes Medium, und als solches sieht und hört er alles, was ihn betrifft.

Eine Villa für ein Parfum

Es ist Ende der Neunzigerjahre, Karl Lagerfeld residiert schon seit Jahrzehnten im Olymp der Modewelt, er hat auch schon etliche Parfums kreiert. Dennoch ist das Jahr 1997 ein besonderes Jahr, denn in diesem Jahr wird Lagerfelds Duft mit dem schönen Namen »Jako« zum Parfum des Jahres gekürt. Der Herrenduft besteht aus einer anregenden Kombination von Zitrusessenz mit einem Hauch Davana-Essenz, die dem Ganzen eine starke Note von schwarzem Tee verleiht.

Schon sechs Jahre zuvor ersteht Lagerfeld die Hamburger Villa »Jako«, einst bekannt als »Villa Schüler«. Es ist ein prachtvolles Anwesen mit einer Wohnfläche von 370 Quadratmetern, umgeben von einem 11.700 Quadratmeter großen Park.

Einziger Wermutstropfen ist der Zustand des Anwesens. Unzählige Arbeitsstunden und Summen, die wohl nur Lagerfelds Buchhaltern bekannt sind, fließen in die Restauration des Schmuckstücks. Der Modezar beauftragt eigens die renommierte Kunstrestauratorin

Renate Kant, die schon im Hamburger Rathaus unter Beweis stellen konnte, welch eine Virtuosin ihres Fachs sie ist.

Sechs Jahre vergehen, bis die Villa endlich Lagerfelds Vorstellungen entspricht. Dann ist alles wieder im Originalzustand, und das Anwesen erstrahlt in neuem Glanz. Die Marmor- und Wurzelholzintarsien sind eine wahre Augenweide, ebenso wie die Perlmutt- und Messingarbeiten. Einziehen wird Lagerfeld in die Villa aber trotzdem nicht. Er hat etwas ganz anderes mit ihr vor.

Sie wird zum Begegnungsort der ungleichen »Jako-Zwillinge«. Dort vermählt Lagerfeld sein Parfum des Jahres mit einem Bauwerk aus einer vergessenen Welt. Die Werbeaufnahmen für seinen Herrenduft in der verwunschenen Kulisse der Hamburger Villa sind spektakulär. Ganz in Schwarz-Weiß gehalten, wohnt den Bildern etwas Gespenstisch-Mysteriöses inne.

Nach dem Fotoshooting bricht Lagerfeld dann auch schon zu neuen Ufern auf, die Villa benötigt er nicht mehr. So gerät das Anwesen schnell in Vergessenheit, ehe der Modeschöpfer es ein Jahr später für acht Millionen Mark verkauft.

Der Sonne zu nah

Als Kind wäre Karl Lagerfeld einmal fast verbrannt. Diese Szene hat er sehr lebhaft in Erinnerung: Ein brennendes Holzscheit fällt ganz plötzlich aus dem offenen Kamin im Haus seiner Eltern, und sofort steht der ganze Raum in Flammen. Deshalb hat Lagerfeld in seinen zahlreichen Domizilen ausschließlich künstliche Kamine. Viele Jahre später kommt es zu einem ganz ähnlichen Vorfall, auch wenn dabei kein Kaminfeuer eine Rolle spielt. Es ist das Jahr 1997. Der begnadete Designer ist schon lange nicht mehr aus der Modeszene wegzudenken. Was wäre die Haute Couture ohne Lagerfeld, Prêt-à-porter ohne Karl? Völlig unvorstellbar!

Und doch passiert das Undenkbare. Lagerfeld muss bei Chloé seinen Hut nehmen. Ist er – wie einst Ikarus – zu nahe an die Sonne herangeflogen und hat sich wider besseren Wissens doch verbrannt? Lagerfelds Rausschmiss zieht einen ungeheuerlichen Skandal in der Welt der Mode nach sich. Dabei liegt es nicht einmal an Lagerfeld selbst. Es sind die Umstände, die diesen Schritt unvermeidbar machen.

Bevor Lagerfeld gefeuert wird, wird das Modehaus Chloé vom Luxuskonzern Vendôme aufgekauft. Von da an weht im Hause Chloé ein anderer Wind als noch zu Lagerfelds Zeiten. Der neue Präsident Mounir Moufarrige, ein in Modekreisen gefürchteter Jurist mit libanesischen Wurzeln, hat gänzlich andere Ziele als der deutsche Designer. Statt um Mode um der Mode willen geht es dem ehrgeizigen Libanesen um Spreadsheets und Gewinnmaximierung. Unter seiner Leitung wird Couture zum Objekt von Finanzspekulationen. Das kann Lagerfeld nicht mitansehen. Der Gipfel ist endgültig erreicht, als Moufarriges Sohn anfängt, die Hotelerbin Paris Hilton als It-Girl zu vermarkten. Ein Glück, dass Lagerfeld zu diesem Zeitpunkt schon nicht mehr für Chloé kreiert. Obwohl sich die beiden später blendend verstehen sollen, hat er zu diesem Zeitpunkt für Paris Hilton keine warmen Worte übrig.

Auch für seine Nachfolgerin kann sich Lagerfeld nicht wirklich begeistern. Als Moufarrige Stella McCartney als neue Chefdesignerin engagiert, hält Lagerfeld sich erst einmal bedeckt. Es ist Teil des Geschäfts, sich nicht das Maul über andere zu zerreißen. Später lässt er dann doch ein wenig mehr durchsickern und kann nicht umhin festzustellen, dass die Stücke von Chloé »nicht so toll sitzen«. Das hat wohl vor allem mit den Näherinnen zu tun. Denn Chloé hat einfach keine guten mehr. »Die sind jetzt alle bei mir«, sagt Karl nicht ohne Genugtuung.

Die Leute bei Chloé sind für Lagerfeld ohnehin »ein hoffnungsloser Fall«. Deshalb meint er auch, es wäre besser für Stella McCartney, wenn sie Chloé verlassen und stattdessen etwas anderes machen würde. Damit zeigt Lagerfeld ein weiteres Mal seine schier unfehlbare Weitsicht, denn es dauert nicht mehr lange, bis sich die junge Designerin von Chloé trennt und für Adidas eine Winterkollektion entwirft.

Lagerfeld der Prophet

Im Februar 2012 erklärt der deutsche Bundespräsident Christian Wulff aufgrund der sogenannten Wulff-Affäre seinen Rücktritt. An sich gibt es ja wirklich nur wenige bis gar keine Berührungspunkte zwischen der politischen Welt des deutschen Bundespräsidenten und Karl Lagerfelds Wirkungsbereich. Ja, Lagerfeld gesteht sogar ganz freimütig, noch nie gewählt zu haben. Das hat er auch in Zukunft nicht vor. Politik interessiert ihn nicht sonderlich, die deutsche schon gar nicht.

Und doch leistet er in der Wulff-Affäre einen nicht zu unterschätzenden Beitrag, insbesondere im Hinblick auf Wulffs Nachfolger. Ist es als Kind noch sein erklärtes Ziel, Karikaturist zu werden, nimmt Lagerfelds Leben im Laufe der Jahre doch die eine oder andere Wendung, die ihn von diesem Ziel zumindest ein Stück weit abbringt. Später kann er sich diesen Kindheitswunsch aber doch erfüllen. So ist er heute neben seinen unzähligen kreativen und unternehmerischen Tätigkeiten mitunter auch als Karikaturist für die *Frankfurter Allgemeine Zeitung* aktiv.

In dieser Rolle fertigt er auch die Zeichnung mit dem schönen Titel *Wolken im Himmel von Berlin* an. Darin thematisiert Lagerfeld Christian Wulffs Rücktritt und den Auszug aus Schloss Bellevue. Links unten im Bild ist der ehemalige Bundespräsident neben seiner Frau Bettina vor der Kulisse von Bellevue zu sehen. Neben den Wulffs verkündet ein knapper Text in Lagerfelds Handschrift: »Als Immobilie war Schloss Bellevue zu groß für uns, und wir brauchen Ferien mit Freunden …«

Das wirklich Bemerkenswerte an der Karikatur sind aber weder die Wulffs noch die Einzelheiten der Affäre, sondern vielmehr die Form der sich auftürmenden Wolken. Über der ganzen Szene erstreckt sich ein endloses Wolkenmeer, das sich in der oberen rechten Ecke zu einem Gesicht verdichtet: zu dem Gesicht des heutigen Bundespräsidenten Joachim Gauck. Und das, noch bevor er offiziell als Nachfolger feststeht. Lagerfeld ist ohnehin schon lange der Meinung, dass Gauck da »hätte […] von Anfang an sein sollen«.

Damit unterstreicht Lagerfeld seine Behauptung, selbst ein Medium zu sein, und stellt seine hellseherischen Fähigkeiten zweifelsfrei unter

Beweis. Bravo, Monsieur Lagerfeld, zu diesem sicheren Gespür. Dabei ist es für jemanden, der mit Leichtigkeit modische Trends erkennt und nach Belieben setzt, gewiss auch ein Leichtes, politische Trends auszumachen und entsprechende Prognosen abzugeben. Vielleicht sind Mode und Politik aber auch gar nicht so verschieden. Schließlich wird in beiden Ressorts letztlich derjenige Gewinner, dessen Linie gerade angesagt ist.

Der Ton macht die Musik

Karl Lagerfeld ist Modeschöpfer, doch im breiten Spektrum seiner Interessen steht die Mode keinesfalls allein. Lagerfeld kann sich für vieles begeistern, vor allem für anspruchsvolle Beschäftigungen. Man ist immer wieder sprachlos angesichts seiner universalen Bildung. Belesen wie kaum ein Zweiter, verblüfft er selbst den gebildetsten Gesprächspartner. Auch in der Malerei kennt er sich bestens aus. Als leidenschaftlicher Kunstsammler erkennt er den Pinselstrich der großen und kleinen Meister mit einem Blick. Auch die Architektur hat es dem Modeschöpfer angetan. Er baut ein Haus nach dem anderen um, erweist sich immer wieder als stilsicherer Innenarchitekt. Wenn seine eigenen Häuser gerade alle auf dem neuesten Stand sind und seinen Vorstellungen entsprechen, renoviert er kurzerhand die Immobilien anderer Leute.

Das Einzige, wobei es ihm an Virtuosität mangelt, ist die Musik. Nur zu gern würde Lagerfeld Klavier spielen. Doch er muss schon als Kind erkennen, dass er auf diesem Feld hoffnungslos unbegabt ist. Das schmälert jedoch nicht seine Liebe zur Musik. Wenn er sie auch nicht selbst machen kann, so kann er sie immerhin hören. Auf eine bestimmte Richtung legt er sich dabei nicht fest. Er hört querbeet alles von Klassik bis Elektro, von Soul bis Rock.

Da kommt mit der Zeit ein beinahe ebenso großer Fundus zusammen wie in seinen verschiedenen Bibliotheken. Nur speichert Lagerfeld seine Musik digital, was eine ziemliche Platzersparnis bedeutet. Der Modepapst besitzt um die 150 iPods. Allerdings nutzt er den Speicherplatz nie komplett. Es wäre ihm zu mühsam, ständig durch eine ellenlange Liste von Interpreten zu scrollen. Deshalb hat er lieber viele verschiedene Player mit überschaubarem Inhalt. Allein aufs Hören will er sich aber nicht beschränken. Er pusht und promotet gern die eine oder andere Band bei seinen Fashion Shows. In einem Werbespot für sein eigenes Label steht er sogar selbst an den Turntables. Ansonsten überlässt er diesen Platz dann doch lieber den Leuten, die das besser können.

In der virtuellen Welt ist diese Regel aber außer Kraft gesetzt: Man kann die digitale Stimme des Meisters höchstpersönlich alias DJ Karl in dem Computerspiel *Grand Theft Auto IV* bewundern.

Exklusive Hygieneroutine

Gut möglich, dass sich der US-amerikanische Romanautor Bret Easton Ellis für sein Werk *American Psycho* von Karl Lagerfeld hat inspirieren lassen. Sein Protagonist Patrick Bateman, in der Verfilmung gespielt von Christian Bale, hat eine allmorgendliche Hygiene- und Pflegeroutine, die der des legendären Modeschöpfers in nichts nachsteht, ja sie vielleicht sogar noch übertrifft. Es handelt sich um ein extrem breites Sortiment von Pflegeprodukten, die sowohl in Lagerfelds Bad als auch bei Ellis' Romanfigur nur darauf warten, ihrem Herrn zu dienen. Während bei Patrick Bateman tiefenreinigende Lotion, wasseraktives Reinigungsgel, Honig-Mandel-Körperpeeling, ein spezielles Gel für das Gesichtspeeling, eine Kräuter-Minze-Maske, alkoholfreies Aftershave, Feuchtigkeitscreme, Antifaltenaugenbalsam und eine abschließende feuchtigkeitsspendende Schutzlotion auf dem täglichen Pflegeplan stehen, beginnt es bei Karl Lagerfeld mit einem japanischen Badezusatz mit Lanolin und Mandelöl, der für das tägliche Bad mit wilder Zitrone kombiniert wird. Danach reibt sich Lagerfeld mit einer Lotion von La Prairie ein, sein Rasierwasser ist ebenfalls von La Prairie, anschließend trägt er eine Gesichtslotion und eine Antifaltencreme für die Augen auf sowie zum Abschluss spezielle Hand- und Fußcremes.

Derart gewappnet, starten die beiden Ausnahmepersönlichkeiten dann in den Tag.

Doch zum Glück enden die Gemeinsamkeiten da auch schon. Schließlich ist Bateman ein soziopathischer Mörder, der durch seine innere Leere den Bezug zur Realität verliert. Ganz im Gegensatz zu Bateman betreibt Lagerfeld diese umfangreiche Körperpflege auch nicht, um – koste es, was es wolle – jung zu bleiben. So weit will er es dann doch nicht treiben. Denn Lagerfeld weiß: »Jungsein ist ein Klub, aus dem alle irgendwann rausfliegen.«

Kaiserliche Diät

»Wer eine Jogginghose trägt, hat die Kontrolle über sein Leben verloren.« So lautet ein bekannter Spruch von Karl Lagerfeld. Er selbst würde das natürlich nie tun, auch wenn es Zeiten gibt, in denen er bequeme und locker sitzende Mode bevorzugt.

Es ist noch gar nicht so lange her, da kam Lagerfeld wohlgenährt und kugelrund stattlich mit Doppelkinn daher. Das war vor den Colalight-Zeiten, als er noch das Originalgetränk mit viel Zucker bevorzugte. Allgemein war seine Ernährung damals eine völlig andere. Besteht sie heute aus viel Gemüse, Fisch und so gut wie null Fett, standen damals noch deftige Kalorienbomben wie Straßburger Schlachtplatte auf dem Speiseplan. Auch beim Nachtisch ließ er nichts aus. Egal, ob Schokolade, Kekse oder Petits Fours – Karl konnte nicht wiederstehen, und das sah man ihm auch an. 102 Kilo brachte er damals auf die Waage.

Doch dann kommt wie aus heiterem Himmel der Wandel, und der Modepapst zeigt sich nach einer eisernen Diät, die als 3-D-Diät bekannt wird, so schlank, dass sich die halbe Modewelt Sorgen macht, er könne der Magersucht zum Opfer gefallen sein. Weit gefehlt. Lagerfeld ist nicht dem Schlankheitswahn verfallen. Der Grund für seinen radikalen Gewichtsverlust heißt Hedi Slimane. Seit 2000 ist er der neue Chefdesigner bei Dior Homme und versetzt Lagerfeld regelrecht in Verzückung – nicht primär auf zwischenmenschlicher Ebene, sondern vielmehr in modischer Hinsicht. Slimane ist es nämlich, der den neuen Herrenlook prägt, und den kann nicht jeder tragen. Seine Anzüge sind schmal, ja fast knabenhaft geschnitten, sowohl an den Schultern als auch in der Hüfte. Da passt nur rein, wer sich jedes überschüssige Gramm Fett abtrainiert.

Karl erkennt den neuen Esprit sofort und verliert in dreizehn Monaten 42 Kilo. Damit bringt er nur noch 60 Kilo auf die Waage. Das ist sein neues Idealgewicht, bei dem es bleiben soll.

Der einstige Schlabberlook ist out, und Lagerfeld trennt sich von seiner lange heiß geliebten Yamamoto-Garderobe, um sie durch die neue Slimline von Hedi Slimane zu ersetzen. Damit macht er den Designer erst wirklich zum Superstar. Wenn Lagerfeld Dior trägt, wollen alle Dior tragen.

Seitdem hält Lagerfeld sein Gewicht auch mit Leichtigkeit. Schwach wird er schon lange nicht mehr. Selbst wenn sich für seine Gäste die köstlichsten Leckereien auf seiner Tafel türmen. »Die kleinste Hosengröße zu tragen« ist für ihn heute der Gipfel des Genusses, vor dem sämtliche Gaumenfreuden matt verblassen.

Es ist gelb, es ist hässlich ...

Im Juli 2008 führt Frankreich eine neue Verordnung für den Straßenverkehr ein. Seitdem ist es Pflicht, in jedem PKW mindestens eine Warnweste mitzuführen. Es gibt nur ein Problem: Die Dinger sind potthässlich. Deshalb muss eine Imagekampagne her.

Und wer wäre dafür besser geeignet als der Lieblingsdeutsche der Franzosen, Karl Lagerfeld. Er ist ja selbst schon zweimal dem Unfalltod im Auto nur knapp entgangen. Zugegeben, wenn man mit 120 Sachen gegen einen Baum kracht, hilft auch eine Warnweste nicht mehr viel. Aber darum geht es auch nicht. Es geht darum, in der Dunkelheit besser gesehen zu werden, wenn man sich wegen einer Panne außerhalb des Fahrzeugs befindet. Deshalb die signalfarbene Weste.

Obwohl sie selbstverständlich völlig unmodisch ist, zögert Lagerfeld nicht lange und unterstützt die Sache mit seinem Auftritt. Er ist der Star einer groß angelegten Werbekampagne. Schon bald ist er in ganz Frankreich auf Plakaten abgebildet. Im klassischen Lagerfeld-Look mit schwarzem Sakko, weißem Hemd, schwarzer Fliege und natürlich der omnipräsenten Sonnenbrille ist er vor einer dunklen Landstraße zu sehen. Über dem Sakko trägt er die quietschgelbe Sicherheitsweste, die sofort ins Auge sticht. Doch Lagerfeld trägt das scheußliche Ding mit einer solchen Leichtigkeit, dass es an ihm fast schon wieder gut aussieht. Im Bildhintergrund befinden sich ein Warndreieck und ein liegen gebliebenes Auto.

Der Slogan über dem Ganzen lautet: »Es ist gelb, es ist hässlich, es passt zu nichts, aber es kann Leben retten.«

Mit dem Gesicht des berühmten Modeschöpfers als Aushängeschild entgeht die Kampagne kaum einem Franzosen. Und was noch viel wichtiger ist, die Botschaft bleibt in den Köpfen hängen. Damit wird die Warnwestenkampagne mit Monsieur Lagerfeld im Jahr 2008 die erfolgreichste französische Werbung überhaupt. Und ganz nebenbei: Für die gute Sache stellt der Modepapst sein Konterfei voll und ganz unentgeltlich zur Verfügung.

Ein Bär namens Karl

Ebenfalls im Jahr 2008 flattert eine höchst ungewöhnliche Anfrage in Karl Lagerfelds Postfach. Sie kommt von der Firma Steiff. Der schwäbische Kuscheltierfabrikant ist an einem Joint Venture mit dem Hamburger Modeschöpfer interessiert. Das Objekt der Begierde: ein Teddy nach Lagerfelds Abbild.

Der Designer ist sofort Feuer und Flamme. »So etwas liebe ich«, gibt er freimütig zu. Es gibt ja auch schon einen Lagerfeld-Zinnsoldaten, da ist ein Teddybär nicht weit hergeholt. Steiff und Lagerfeld machen Nägel mit K(n)öpfen. Es dauert nicht lange, da stehen die Entwürfe, und die Nähmaschinen in Giengen an der Brenz beginnen zu rattern. Was dabei herauskommt, kann sich durchaus sehen lassen. Der Teddy sieht Lagerfeld beinahe zum Verwechseln ähnlich. Aus feinster weißer Alpacca-Wolle gefertigt, trägt er eine lässige schwarze Sonnenbrille im Gesicht, um den Hals schmiegt sich ein gestärkter weißer Stehkragen, darunter die klassische schwarze Krawatte, ein schwarzes Sakko, schwarze Jeans – beides aus Lagerfelds Pariser Atelier. Eine silbrig glänzende Kette am

Hosenbund vervollständigt den Look. Ach ja, dann wäre da natürlich noch der einzige Unterschied zum lebensechten Vorbild: Der Knopf im Ohr … und ebendie Tatsache, dass er ein Plüscheisbär ist und kein Mensch aus Fleisch und Blut.

Insgesamt werden 2.500 Exemplare des extravaganten Bären angefertigt, die sich in null komma nix verkaufen. Und das wohlgemerkt bei einem Ladenpreis von Tausend Euro pro Stück. Nicht gerade ein Pappenstiel, aber es ist ja auch nicht irgendein Teddy, sondern der wohl bestgekleidete und glamouröseste Teddybär der Welt. Obendrein, so versichert Lagerfeld schmunzelnd, ist das Angebot des exklusiven Bären völlig frei von Kaufzwang.

Lagerfeld, Newton und Marlene Dietrich

Auf Beerdigungen geht Karl Lagerfeld nur äußerst ungern. Doch als der berühmte Fotograf und sein langjähriger persönlicher Freund Helmut Newton stirbt, macht der Designer eine Ausnahme und geht auf die Gedenkfeier. Doch er ist nicht nur ein simpler Gast, nein, das wäre zu einfach. Wenn er kommt, dann spricht er auch auf dem Podium, um den Toten zu ehren.

Im Vorfeld bespricht Lagerfeld die Sache mit Newtons Witwe June. Als er ihr eröffnet, was für eine Geschichte er erzählen möchte, gerät die Witwe in Rage und will es Lagerfeld verbieten. Doch »Karl der Große« wäre nicht er selbst, wenn er sich von den Leuten ins Konzept reden ließe. Also ignoriert er den Willen der Witwe Newton und plaudert bei der Gedenkveranstaltung ungebremst aus dem Nähkästchen.

Die Geschichte trägt sich 1972 zu. Damals singt Marlene Dietrich zwar noch, aber rein äußerlich ist sie nicht mehr der Hingucker, der sie einmal war. Zumindest auf den Fotos in ihrem Programmheft. Lagerfeld beschreibt die Bilder als »grauenhaft« und sieht sofortigen Handlungsbedarf. Da Marlene Dietrich eine gute Bekannte Lagerfelds ist, schlägt er ihr vor, neue Fotos zu machen. Der Meister selbst steht damals noch nicht hinter der Kamera, aber er kennt genau den richtigen Fotografen dafür: Helmut Newton soll es richten.

Das Treffen ist für den nächsten Tag angesetzt. Im Fahrstuhl zu Marlene Dietrichs Wohnung zeigt sich Newton sehr nervös. Er gesteht Karl, wie sehr er die junge Marlene als Zwölfjähriger vergöttert habe und was er mit den Fotos von ihr getan habe, wenn er allein war.

Nach diesem Geständnis klingeln die beiden an Marlenes Tür, und man lernt sich erst einmal kennen. Das ist zumindest der Plan. Doch kaum sind die Herren in der Wohnung, geschieht etwas völlig Unerwartetes. Der »blaue Engel« trägt einen »durchsichtigen Bodystocking […] und darüber nur einen schurzartigen Lederwickelrock«, so Lagerfeld. Da sie Karls Meinung zu einer neuen Hose erfahren möchte, reißt sie sich unvermittelt den Rock vom Leib und steht auf einmal »unten ohne da«.

Für Lagerfeld wäre das an sich ja kein Problem. Schließlich kennen sich die beiden schon lange, aber Helmut Newton ist dann doch ein Fremder, und da entblößt man sich nicht einfach so.

Der Fotograf ist erst einmal völlig perplex ob der Freizügigkeit seines Jugendschwarms. Sein überraschter Gesichtsausdruck bleibt für Lagerfeld unvergesslich. Newton fängt sich jedoch schnell wieder und bringt den schlagfertigen Spruch: »Oh yeah, she is a real blond.« (»Oh ja, sie ist eine echte Blondine.« Anm. d. Autors) Klar ist das nicht mehr als ein Spaß unter Männern, allerdings einer, der nicht ohne Folgen bleibt.

Marlene Dietrich ist nämlich von Newtons frecher Bemerkung alles andere als begeistert und wirft ihn prompt aus ihrer Wohnung. Von da an ist der Fotograf für die Diva eine Persona non grata, und das Shooting kommt nie zustande. Die Ironie des Schicksals: Heute liegen die beiden nebeneinander auf dem Friedhof in Berlin.

Eine neue Liebe

Schon seit geraumer Zeit brodelt es in den Pariser Gerüchteküchen. Insider der Modeszene und Journalisten spekulieren gleichermaßen – es ist in aller Munde. Doch niemand kann es bestätigen, keiner will es dementieren. Sicher ist nur so viel: Die ganze Stadt fragt sich, wer ist dieser neue Mann an Karl Lagerfelds Seite?

Zum ersten Mal sieht man die beiden zusammen auf der Bambi-Verleihung 2008 in Offenburg. Das erstaunte Raunen über den jungen Mann an Karls Seite beeindruckt den Modeschöpfer allerdings nur wenig. »Die Leute dachten ein Neffe oder ein Großneffe von mir ...«, kommentiert er die Sache locker.

Doch es steckt mehr dahinter. Zumindest wenn man den Gerüchten Glauben schenken will. Ist der bestechend gut aussehende junge Mann wirklich nur ein einfacher Begleiter, oder hat er es womöglich geschafft, mit seinem fabelhaften Aussehen Lagerfelds Herz zu erobern?

Bis vor Kurzem arbeitete er noch in einer Hubschrauberfabrik in Marseille, dann wurde er als Model entdeckt. Als Lagerfeld ihn in einem italienischen Magazin sieht, zögert er nicht lange und zieht die entsprechenden Strippen. Kurze Zeit später steht der junge Mann dann auch schon in Lagerfelds Atelier vor der Kamera. Sein Name ist Baptiste Giabiconi, und er hat verblüffende Ähnlichkeit mit dem jungen Lagerfeld. Der attraktive Dressman »[...] ist Dorian Gray, und ich bin sein Gemälde«, drückt Lagerfeld es mit einer Anspielung auf seinen Lieblingsautor Oscar Wilde aus.

Von diesem Zeitpunkt an geht es mit Giabiconis Karriere steil bergauf. Seit Claudia Schiffer hat Lagerfeld kein Model mehr derartig promotet. Da ist es nicht weiter verwunderlich, dass Giabiconi schon bald zum Gesprächsthema der ganzen Modeszene avanciert. Und auch Lagerfeld scheint plötzlich völlig verändert. Noch vitaler als gewöhnlich, er sprüht förmlich vor Energie.

Als einige Zeit später die Barbiepuppe ihren fünfzigsten Geburtstag feiert, versteht es sich beinahe von selbst, dass Lagerfeld zu diesem Anlass eine neue Garderobe für die Puppe entwirft. Obendrein designt er auch gleich noch einen neuen Ken. Er ist Baptiste Giabiconi wie aus dem Gesicht geschnitten.

Eine Zeit lang scheint sich alles um diesen neuen Mann in Lagerfelds Leben zu drehen. Offen bewundert der Modezar die Eleganz des jungen Mannes. Er ist ganz hin und weg von seiner Erscheinung.

Ist es möglich, dass Giabiconi Lagerfelds neue Liebe ist? Wenn man einmal an seine Äußerung »Männer interessieren mich nicht!« in Bezug auf seinen langjährigen Gefährten Jacques de Bascher zurückdenkt, muss diese Frage wohl mit Nein beantwortet werden.

Nun gut, wenn schon nicht Geliebter, dann doch wenigstens die neue Muse des Modepapstes, oder?

Nur zu schade, dass Lagerfeld das Wort *Muse* hasst. Er bevorzugt den Ausdruck inspirierende Menschen. Also auch hier Fehlanzeige.

Am ehesten kommt die Beziehung der beiden wohl einer familiären nahe. Wie einst schon bei Jacques de Bascher spricht Lagerfeld von einer Vater-Sohn-Beziehung. Wenn er einen Sohn hätte, dann am liebsten Giabiconi. Denn Lagerfeld hätte wirklich gerne einen Sohn, aber eben nur einen, der nicht »home-made« ist.

Choupette

Aus der Liebesgeschichte Lagerfeld und Giabiconi wird leider nichts. Und doch weckt der junge Mann zärtliche Gefühle im sonst so coolen Meister der Mode, die Lagerfeld selbst nicht für möglich gehalten hätte. Allerdings gelten diese Gefühle nicht Giabiconi, sondern vielmehr dessen Birmakatze Choupette.

Als der Dressman sein Kätzchen eines Tages in Lagerfelds Obhut gibt, weil er für einige Zeit verreisen will, ahnt wohl keiner der beiden, dass Lagerfeld und Choupette schon nach wenigen Tagen unzertrennlich sein werden. Für den oft so distanziert wirkenden Modeschöpfer ist die Überraschung wahrscheinlich am größten. »Ich hätte nie gedacht, dass ich mich jemals so sehr in eine Katze verlieben könnte«, so Lagerfeld.

Nun hat Choupette ein neues Herrchen und lebt fortan in Saus und Braus. Gleich zwei Dienstmädchen engagiert Lagerfeld für seinen Schatz. Das Kätzchen erhält selbstverständlich jede Menge Streicheleinheiten, auf dem Verwöhnprogramm stehen sogar Schönheitsbehandlungen. Die Katze kann ein iPad ihr Eigen nennen und ist selbstverständlich bereits ein Star in allen sozialen Netzwerken. Bei Instagram hat der Stubentiger aktuell um die 81.000 Follower.

Kein Wunder, dass Choupette bei einer solchen Beliebtheit auch selbst Werbung macht. Im Jahr 2014 etwa verdient das Kätzchen mit zwei Werbekampagnen sage und schreibe drei Millionen Euro.

Fast nicht zu glauben für Otto Normalbürger. Selbst Lagerfeld ist manchmal immer noch ganz aus dem Häuschen angesichts der Extravaganz seines Haustiers. Er beschreibt sie als »Inspiration für die Eleganz« und schreibt ihr etwas ganz und gar »Unvergessliches« zu.

Eigentlich ist Lagerfeld von Natur aus Einzelgänger. Eine Partnerschaft mit gemeinsamem Schlafzimmer? Völlig ausgeschlossen. Doch Choupette hat etwas an sich, das den Modeschöpfer wie Wachs in ihren Pfoten dahinschmelzen lässt. Auch wenn Karl so etwas vorher wohl nicht für möglich gehalten hätte, hat er in Choupette seine Seelenverwandte gefunden. Am liebsten würde er seinen kuschligen Liebling vom Fleck weg heiraten. Schade nur, dass das nicht möglich ist.

Unsterblichkeit

Bereits die alten Griechen trachteten danach, einen Weg zu finden, wie ein Name die eigene Lebensdauer überstehen kann. Dem großen Krieger Achilles gelang es, durch seine Heldentaten unsterblich zu werden. Manch anderer erreichte dieses hehre Ziel durch die Ausformulierung existenzieller Gedanken. So verewigten etwa Sokrates oder Platon ihre Namen im kollektiven Gedächtnis der Menschheit.

Nun hat Karl Lagerfeld zwar durchaus ein Faible für das antike Griechenland, vor allem für die Mythologie der damaligen Zeit, doch das Streben nach Unsterblichkeit liegt ihm fern. Er will sich selbst nicht zu einem Drama stilisieren. Schließlich sind vor ihm schon Milliarden Menschen gestorben, und nach ihm werden es vermutlich ebenso viele tun.

Der Tod ist keine große Sache für ihn. Nur die Art seines Ablebens, die würde er möglicherweise doch gerne selbst bestimmen. Nicht, weil er den Zeitpunkt festlegen möchte, sondern aus Rücksicht auf die anderen. So eine Leiche ist eben doch unappetitlich, und diesen

Anblick möchte er niemandem zumuten. Am liebsten würde Lagerfeld einfach verschwinden von einem Moment auf den anderen, ohne dass jemand es mitbekommt. Er wünscht sich weder Beerdigung noch Trauerfeier. Und Gott bewahre – auf gar keinen Fall soll man ihm ein Museum oder einen ähnlichen Schrein errichten. Das Einzige, was er sich vorstellen könne, wäre »eine geheime Verbrennung ohne Zeugen. [...] Damit hat sich's.«

Auch Suizid kann Lagerfeld nicht ausschließen. Er sieht Selbstmord als »Akt von Freiheit«. Am besten auf einem Schiff, bis zum Stehkragen voll mit Schlaftabletten und dann, wenn keiner hinsieht, einfach in die Fluten hüpfen.

Aber zum Glück ist dieser Tag noch fern, denn Lagerfeld ist nach wie vor jugendlich frisch und quietschfidel. Wenn sein Körper mitspielt, wird er wohl auch mit neunzig Jahren noch Mode machen. Unsterblich wird zwar auch »Karl der Große« nicht bleiben, doch eines ist gewiss: An seinen Namen und sein Wirken wird man sich auch nach seinem Tod noch lange erinnern.

Quellennachweis

Lagerfeld Confidential (Dokumentarfilm von Rodolphe Marconi); v. 10.10.2007; gesehen bei iTunes am: 22.03.2016.

Sahner, Paul (2009): *Karl.* mvg Verlag. München

Karl: *https://de.wikipedia.org/wiki/Karl*; v. 16.02.2016; aufgerufen am: 23.03.2016

Die Sache mit dem Alter

Sahner, Paul (2009): *Karl.* mvg Verlag. München

Klein Karl auf Schatzsuche

Sahner, Paul (2009): *Karl.* mvg Verlag. München

Ein Künstler wächst heran

Sahner, Paul (2009): *Karl.* mvg Verlag. München

Eine schmerzhafte Bildungslücke

Sahner, Paul (2009): *Karl.* mvg Verlag. München

Karl der Simulant

Sahner, Paul (2009): *Karl.* mvg Verlag. München

Von Pferden und Kühen

Sahner, Paul (2009): *Karl.* mvg Verlag. München

Ein Schüler, der aus dem Rahmen fällt

Sahner, Paul (2009): *Karl.* mvg Verlag. München

Der Träumer und die schnellen Autos

Sahner, Paul (2009): *Karl.* mvg Verlag. München

Markus Lanz trifft Karl Lagerfeld; *https://www.youtube.com/watch?v=Ha0Uz5Q5pzU;* v. 19.07.2012; aufgerufen am: 03.04.2016

Eine überraschende Auszeichnung

Sahner, Paul (2009): *Karl.* mvg Verlag. München

Balenciaga oder Balmain?

Sahner, Paul (2009): *Karl.* mvg Verlag. München

Lagerfeld erweckt einen Toten

Sahner, Paul (2009): *Karl.* mvg Verlag. München

Modelist und Bodybuilder

Karl Lagerfeld: *http://www.gala.de/stars/starportraets/karl-lagerfeld_1027169.html*; aufgerufen an: 12.04.2016

Sahner, Paul (2009): *Karl.* mvg Verlag. München

Die Sonnenbrille

Karl Lagerfeld bei Johannes B. Kerner (5/8): *https://www.youtube.com/watch?v=NRPKda0nTkM&nohtml5=False*; v. 23.07.2009; aufgerufen am: 12.04.2016

Karl Lagerfeld bei Johannes B. Kerner (6/8): *https://www.youtube.com/watch?v=8TKRzBAPZKI&nohtml5=False*; v. 23.07.2009; aufgerufen am: 12.04.2016

Sahner, Paul (2009): *Karl.* mvg Verlag. München

Lagerfeld und die Liebe

Lagerfeld Confidential (Dokumentarfilm von Rodolphe Marconi); v. 10.10.2007, gesehen bei iTunes am: 22.03.2016

Sahner, Paul (2009): *Karl.* mvg Verlag. München

Der Kaiser der Mode und der König der Kunst

Sahner, Paul (2009): *Karl.* mvg Verlag. München

Lagerfeld und der schnöde Mammon

Sahner, Paul (2009): *Karl.* mvg Verlag. München

Markus Lanz trifft Karl Lagerfeld; *https://www.youtube.com/watch?v=Ha0Uz5Q5pzU;* v. 19.07.2012; aufgerufen am: 03.04.2016

The only Limits are those we create for ourselves (von Angèle Hernu); *http://www.maisondexceptions.com/en/raymonde-pouzieux-passementiere/*; v. 11.12.2012; aufgerufen am: 08.04.2016

Lagerfeld der Bibliothekar

Sahner, Paul (2009): *Karl.* mvg Verlag. München

Markus Lanz trifft Karl Lagerfeld; *https://www.youtube.com/watch?v=Ha0Uz5Q5pzU;* v. 19.07.2012; aufgerufen am: 03.04.2016

Ich suche auch Sachen, die ich nicht suche (von Uwe Ebbinghaus); *http://www.faz.net/aktuell/feuilleton/buecher/themen/buechersammler-lagerfeld-ich-suche-auch-sachen-die-ich-nicht-suche-14028926.html*; v. 25.01.2016; aufgerufen am: 08.04.2016

Der nervöse Magen

Lagerfeld Confidential (Dokumentarfilm von Rodolphe Marconi); v. 10.10.2007, gesehen bei iTunes am: 22.03.2016

Fliegen ist immer noch traumhaft – Im Privatjet; *http://www.welt.de/reise/article122581664/Fliegen-ist-immer-noch-traumhaft-im-Privatjet.html*; v. 05.12.13; aufgerufen am: 23.03.2016

Traumhafte Kreation

Lagerfeld Confidential (Dokumentarfilm von Rodolphe Marconi); v. 10.10.2007, gesehen bei iTunes am: 22.03.2016

Karl Lagerfeld Haute Couture Autumn-Winter 2005/06; *http://www.gettyimages.de/detail/nachrichtenfoto/designer-tommy-hilfiger-attends-the-chanel-autumn-nachrichtenfoto/53209229#*; aufgerufen am: 22.03.2016

Das Schaufenster des Westens (von Ullrich Fichtner); *http://www.spiegel.de/spiegel/print/d-41106159.html*; v. 18.07.2005; aufgerufen am: 23.03.2016

Die Kunst der Fotografie

Sahner, Paul (2009): *Karl.* mvg Verlag. München

Lagerfeld Confidential (Dokumentarfilm von Rodolphe Marconi); v. 10.10.2007, gesehen bei iTunes am: 22.03.2016

Lagerfeld und der Aberglaube

Sahner, Paul (2009): *Karl.* mvg Verlag. München

Eine Villa für ein Parfum

Sahner, Paul (2009): *Karl.* mvg Verlag. München

Der Sonne zu nah

Sahner, Paul (2009): *Karl.* mvg Verlag. München

Karl Lagerfeld liebt Paris Hilton; *http://www.welt.de/vermischtes/article705662/Karl-Lagerfeld-liebt-Paris-Hilton.html*; v. 30.12.2006, aufgerufen am: 13.04.2016

Lagerfeld der Prophet

»Lebendes Mahnmal für künftige Generationen«; *http://www.sueddeutsche.de/politik/presseschau-nach-wulff-ruecktritt-lebendes-mahnmal-fuer-kuenftige-generationen-1.1287478*; v. 19.02.2012; aufgerufen am: 11.04.2016

Markus Lanz trifft Karl Lagerfeld; *https://www.youtube.com/watch?v=Ha0Uz5Q5pzU*; v. 19.07.2012; aufgerufen am: 11.04.2016

Der Ton macht die Musik

Karl Lagerfeld bei Johannes B. Kerner (4/8); *https://www.youtube.com/watch?v=emm1sLTwr4U&nohtml5=False*; v. 23.07.2009; aufgerufen am: 14.04.2016

DJ Karl; *http://de.gta.wikia.com/wiki/DJ_Karl*; aufgerufen am: 14.04.2016

Markus Lanz trifft Karl Lagerfeld; *https://www.youtube.com/watch?v=Ha0Uz5Q5pzU*; v. 19.07.2012; aufgerufen am: 11.04.2016

Sahner, Paul (2009): *Karl*. mvg Verlag. München

Exklusive Hygieneroutine

Sahner, Paul (2009): *Karl*. mvg Verlag. München

American Psycho – Intro – German; *https://www.youtube.com/watch?v=VMO6FrF_fG4&nohtml5=False*; v. 05.06.2009; aufgerufen am: 11.04.2016

Kaiserliche Diät

Der Modeschöpfer Karl Lagerfeld wird 65 und hat völlig neue Ziele: Der Strich (von Carmen Böker); *http://www.berliner-zeitung.de/der-modeschoepfer-karl-lagerfeld-wird-65-und-hat-voellig-neue-ziele-der-strich-16030854*; v. 10.09.2003; aufgerufen am: 12.04.2016

Sahner, Paul (2009): *Karl*. mvg Verlag. München

Es ist gelb, es ist hässlich …

Karl Lagerfeld wirbt für Warnwesten; *http://www.tagesspiegel.de/weltspiegel/strassensicherheit-karl-lagerfeld-wirbt-fuer-warnwesten/1260052.html*; v. 18.06.2008; aufgerufen am: 13.04.2016

Karl Lagerfeld bei Johannes B. Kerner (3/8); *https://www.youtube.com/watch?v=EiH0JU5Eo20&nohtml5=False*; v. 23.07.2009; aufgerufen am: 13.04.2016

Ein Bär namens Karl

Karl Lagerfeld bei Johannes B. Kerner (3/8); *https://www.youtube.com/watch?v=EiH0JU5Eo20&nohtml5=False*; v. 23.07.2009; aufgerufen am: 13.04.2016

Haute Teddy; *http://www.gq-magazin.de/mode-stil/modetrends/karl-lagerfeld-haute-teddy*; v. 01.09.2008; aufgerufen am: 13.04.2016

Lagerfeld, Newton und Marlene Dietrich

Sahner, Paul (2009): *Karl.* mvg Verlag. München

Eine neue Liebe

Sahner, Paul (2009): *Karl.* mvg Verlag. München

Markus Lanz trifft Karl Lagerfeld; *https://www.youtube.com/watch?v=Ha0Uz5Q5pzU*; v. 19.07.2012; aufgerufen am: 14.04.2016

Face to Face: Karl Lagerfeld I NET-A-PORTER.COM; *https://www.youtube.com/watch?v=ZOnMSLSNmWY*; v. 25.01.2012; aufgerufen am: 14.04.2016

Choupette

Choupette – die Katze, die Millionen verdient; *http://www.welt.de/vermischtes/weltgeschehen/article139067538/Choupette-die-Katze-die-Millionen-verdient.html*; v. 03.04.2015; aufgerufen am: 14.04.2016

Karl Lagerfeld; *http://www.gala.de/stars/starportraets/karl-lagerfeld_1027169.html*; aufgerufen am: 14.04.2016

choupettesdiary; *https://www.instagram.com/choupettesdiary/*; aufgerufen am: 14.04.2016

Unsterblichkeit

Sahner, Paul (2009): *Karl.* mvg Verlag. München